Genussvoll leben mit Diabetes

Genussvoll leben mit Diabetes

Antony Worall Thompson · Azmina Govindji · Jane Suthering

für die deutsche Ausgabe überarbeitet von Maren Krüger

mit Fotografien von Steve Baxter

Titel der englischen Originalausgabe: the diabetes weight loss diet

www.umschau-buchverlag.de

Übersetzung der Seiten 42–140
Martina Höppner, Queensland, Australien

Texte auf den Seiten 8–37
Maren Krüger, Hilden

Lektorat
Ilka Grunenberg, Neustadt/Weinstraße

Satz und Herstellung
Kaisers Ideenreich, Neustadt/Weinstraße

Hinweise Nährwertangaben

BE = Broteinheiten, KHE = Kohlenhydrateinheiten, kcal = Kilokalorien
+BE bzw. +KHE: Hinweis auf geringe Blutzuckerwirksamkeit
Aus dem Natriumgehalt lässt sich der Kochsalzgehalt berechnen: Kochsalz (g) = Natrium (g) x 2,5

Dieses Buch darf nicht als Ersatz für professionelle medizinische Beratung und Behandlung gelten. Vor dem Start der Gewichtsreduktion sowie in allen gesundheitlichen Fragen sollte ein Arzt konsultiert werden. Die Inhalte dieses Buches sind von Herausgeber und Verlag sorgfältig erwogen und geprüft, dennoch kann eine Garantie nicht übernommen werden. Eine Haftung von Herausgeber und Verlag für Personen-, Sach- und Vermögensschäden ist ausgeschlossen. Angaben in diesem Werk entsprechen dem Wissensstand bei Fertigstellung.

Printed in China
ISBN: 978-3-86528-133-3

Inhalt

DIABETES – WAS NUN?

„Sie sind sehr stark gefährdet, in naher Zukunft an Diabetes zu erkranken!" Das sagte mir vor einigen Jahren mein Hausarzt. Als absoluter Genussmensch und zudem Koch aus Leidenschaft bekam ich einen riesigen Schreck. Nicht nur, dass der Diabetes Begleit- und Folgeerkrankungen mit sich bringt, ich befürchtete auch nun nie mehr gut essen zu können. Doch als ich begann, mich mit der Krankheit zu beschäftigen, konnte ich schnell feststellen, dass sich die Ernährungsempfehlungen für Diabetiker gar nicht so sehr von denen für Gesunde unterscheiden – und so machte ich mich daran Rezepte zu entwickeln, die ausgewogen und gleichzeitig lecker und einfach zuzubereiten sind. Für mein viertes Buch habe ich nun mit der Ernährungswissenschaftlerin Azmina Govindji und der renommierten Rezeptentwicklerin Jane Suthering zusammenarbeiten dürfen. Daher erfahren Sie hier nicht nur die wichtigsten Dinge über den Diabetes mellitus und wie Sie mit ihm umgehen können, Sie können auch, wenn es für Sie und Ihre Gesundheit wichtig ist, mithilfe dieses Buches einige Kilos abnehmen. Ich selbst habe dank dieser Rezepte bereits 13 Kilo abgenommen, sieben weitere sind in Planung.

Essen Sie gut, versuchen Sie etwas abzunehmen, bleiben Sie gesund und genießen Sie ihr Leben!

Ihr Antony Worall Thompson
Koch und Gastronom

Für die deutsche Fassung wurden die Seiten 8–41 von der Ernährungswissenschaftlerin Maren Krüger vollständig überarbeitet.

LEBEN MIT DIABETES

Spezielle Diabetesdiäten sind passé! Eine ausgewogene Ernährung ist für Menschen mit Diabetes das A und O, um ihren Stoffwechsel und Blutzuckerspiegel in Balance zu halten. Genau wie gesunde Menschen sollten Menschen mit Diabetes eine Mischkost mit hohem Ballaststoffanteil, viel Gemüse, Salate, Vollkornprodukte und Obst – und generell weniger kalorienreiche und fette Lebensmittel zu sich nehmen. Wer sich daran hält, darf auch gerne mit Augenmaß genießen oder gar schlemmen!

In Deutschland leben knapp sieben Millionen Menschen mit Diabetes, davon leiden 90 % an Typ 2 Diabetes, also der Form, die größtenteils auf einen ungesunden Lebensstil wie ungesunde Ernährung und mangelnde Bewegung zurückzuführen ist. Damit ist Diabetes eine unserer größten Volkskrankheiten und wird doch nach wie vor gnadenlos unterschätzt: Im Durchschnitt wird der Diabetes zehn Jahre zu spät entdeckt, oft erst, wenn sich erste Folgerkrankungen eingestellt haben: Herzinfarkt, Schlaganfall, Nierenversagen, Augenerkrankungen, Gefäßverschlüsse. Umso wichtiger ist, dass wir von diabetesDE – Deutsche Diabetes-Hilfe die Menschen aufklären und für die Betroffenen eine starke Interessenvertretung sind (www.diabetesde.org). Wir setzen uns zum Beispiel dafür ein, dass der Diabetes möglichst früh erkannt und mit einer optimalen Therapie behandelt wird. Dazu gehört auch die Diabetesberatung zur Umstellung der Ernährung, um eine möglichst positive Wirkung auf den Blutzuckerspiegel, Blutdruck und Blutfettwerte (Cholesterin) zu erreichen.

Die Menschen in Deutschland essen insgesamt zu kalorienlastig, zu fett, zu süß und zu salzig. Der Hauptgrund dafür ist ein hoher Anteil von Halbfertig- und Fertigprodukten und Fast Food mit wenig gesundheitsförderlichen Rezepturen, die uns Zeit ersparen sollen, aber neue Probleme schaffen. Dabei könnten wir uns alle genussvoll und gesünder ernähren, wenn wir mehr frische Zutaten verwenden würden. Die Rezepte in diesem Buch sind alltagstauglich und „einfach gut"!

Ich wünsche Ihnen bei der Zubereitung viel Vergnügen!
Ihr

Prof. Dr. Thomas Danne
Vorstandsvorsitzender diabetesDE – Deutsche Diabetes-Hilfe

Eine bunte und abwechslungsreiche Ernährung ist das A und O – für Diabetiker genauso wie für Gesunde. Alle wichtigen Informationen dazu finden Sie auf den nächsten Seiten.

Genussvoll leben mit Diabetes

0·5
0·4
0·3
0·2
0·1
18
14
12
8
6
5
4
20
10

HERZLICH WILLKOMMEN!

Hat Ihr Arzt Ihnen empfohlen „Sie müssen anders essen! Sie müssen sich mehr bewegen und Sie müssen abnehmen!"? Vielleicht hat er Ihnen auch erklärt, dass der Zuckerwert im Blut zu hoch ist oder dass Sie Diabetes haben, dass Sie auf Ihre Blutfette achten müssen und der Blutdruck zu hoch ist. Dann halten Sie das richtige Buch in den Händen.

Tatsächlich gehört das Abnehmen zu den wichtigsten Behandlungsschritten des Typ-2-Diabetes. Schon mit wenigen Kilos weniger sinkt nicht nur Ihr Zuckerwert im Blut, sondern auch alle anderen Störungen im Stoffwechsel lösen sich auf. Und das werden Sie spüren. Sie werden sich wieder rundum fit und leistungsfähig fühlen.

Auch als Diabetiker müssen Sie auf nichts verzichten. Eine spezielle Diabetikerdiät gibt es nicht mehr. Je bunter und abwechslungsreicher Sie essen und trinken, desto besser. Gemüse, Salat, Obst, Fleisch, Milch und Käse, Öle, Brot, Nudeln, Reis, Wein und Wasser, nichts ist verboten. Es kommt nur auf die richtige Menge und die richtige Zubereitung an.

In diesem Kochbuch finden Sie viele köstliche Gerichte, die vollen Genuss garantieren und gleichzeitig die gesundheitlichen Aspekte, die bei Diabetes wichtig sind, berücksichtigen. Sie sind schnell und einfach zuzubereiten und nicht nur für Diabetiker geeignet. Die ganze Familie kann mitessen.

Für Diabetiker ideal: Bei allen Rezepten finden Sie Angaben über die Menge an wichtigen Nährstoffen und Kalorien. Alle diejenigen, die schon schlank sind, laden wir ein, größere Portionen zu genießen oder die Rezepte „Gewicht halten", die wir Ihnen zum Frühstück, als Zwischenmahlzeit, als Hauptspeise, als Snack für unterwegs oder Dessert in diesem Buch präsentieren, zu bevorzugen.

Darüber hinaus gibt es viele Informationen und praktische Tipps, die es Ihnen leicht machen werden, einen Lebensstil zu finden, der für Gesundheit und Wohlbefinden sorgt.

DIABETES – WAS IST DAS?

Seit Jahren steigt die Anzahl der Diabetiker weltweit immer schneller. Fast 10 Millionen Menschen sind in Deutschland davon betroffen. Ärzte gehen davon aus, dass es noch eine große Anzahl unentdeckter Diabetiker gibt. Denn die Krankheit entsteht nicht von heute auf morgen. Sie entwickelt sich schleichend. Sie tut nicht weh und der Hausarzt entdeckt sie häufig zufällig bei einem Routinecheck.

ANZEICHEN FÜR EINEN DIABETES MELLITUS

- Sie haben vermehrt Durst und müssen häufig zur Toilette.
- Sie sind oft müde und können sich schlecht konzentrieren.
- Ihr Haut juckt, vor allem im Genitalbereich.
- Wunden heilen schlecht.
- Sie können schlechter sehen.

Eine bestimmte Menge Zucker im Blut ist ganz normal. Wir alle nehmen ihn jeden Tag aus der Zuckerdose oder als Honig zu uns. Aber auch Obst, Brot, Nudeln, Reis und Milch liefern Zucker. Diese Lebensmittel enthalten Stärke, die im Darm in kleine Zucker- bzw. Glukosebausteine aufgespalten wird. Vor allem die Muskeln und das Gehirn brauchen Zucker als Energielieferant. Damit der Zucker in die Zellen gelangt, ist Insulin nötig. Insulin ist ein Hormon, das die Bauchspeicheldrüse in die Blutbahn schickt, sobald die Zuckermenge im Blut eine gewisse Grenze überschreitet. Insulin hält den Blutzuckerwert stets im normalen Bereich.

RISIKOFAKTOREN FÜR TYP 2-DIABETES

- Vater, Mutter, Geschwister haben/hatten Diabetes
- Übergewicht
- wenig sportliche Betätigung
- Diabetes während der Schwangerschaft

Bei gesunden Menschen funktioniert das Zusammenspiel zwischen Blutzucker und Insulin reibungslos. Bei Diabetikern wirkt das Insulin nicht mehr so gut oder die Bauchspeicheldrüse produziert zu wenig Insulin.

DIE ZWEI VARIANTEN DES DIABETES MELLITUS

Beim Typ-1-Diabetes bildet der Körper kein Insulin mehr. Diese Form der Erkrankung beginnt meist schon früh, in der Kindheit oder Jugend. Um den Blutzuckerspiegel auf normalem Niveau zu halten, müssen diese Diabetiker sofort Insulin spritzen. Und das ein Leben lang.

Viel häufiger ist der Typ-2-Diabetes. 90 Prozent aller Diabetiker gehören zu diesem Typus. Die allermeisten Typ-2-Diabetiker sind, wenn der Arzt die Krankheit feststellt, übergewichtig. Bei ihnen bildet die Bauchspeicheldrüse zwar noch Insulin, aber es wirkt nur noch eingeschränkt. Denn die Zellen sind „insulinresistent". Sie lassen den Zucker nicht rein. Am Anfang hilft der Körper sich selbst. Die Bauchspeicheldrüse bildet einfach mehr Insulin, sodass der Blutzucker immer noch im Normalbereich bleibt. Aber so viel Insulin im Blut hat Nachteile. Sie haben ständig Hunger, nehmen zu, der Blutdruck steigt, der Anteil ungesunder Fette im Blut nimmt zu und das Risiko für gefährliche Herz-Kreislauf-Erkrankungen wächst. Irgendwann ist die Bauchspeicheldrüse erschöpft. Sie stellt die Insulinproduktion ein, der Blutzuckerspiegel steigt an, der Diabetes mellitus Typ 2 zeigt sich. Die gute Nachricht: Mit dem richtigen Speiseplan und regelmäßiger Bewegung können Sie den Blutzuckerspiegel wieder in den Griff bekommen. Viele Diabetiker kommen so jahrelang ohne Tabletten oder Insulin aus und können Schäden an Nerven, Augen oder Nieren hinauszögern oder sogar ganz verhindern.

LEICHT UND LECKER ESSEN UND TRINKEN

Eiweiß-Diät, Kartoffel-Diät, Bikini-Diät: Tipps und Empfehlungen zum Abnehmen gibt es mehr als genug. Mit jeder Diät lässt sich abnehmen, aber nur solange Sie sich an den Diätplan halten. Bestimmt haben Sie schon Erfahrungen mit Crash-Diäten gesammelt. Sie haben schnell und erfolgreich abgenommen. Aber nach jeder Diät zeigt die Waage rasend schnell wieder das alte Gewicht an. Nicht selten wogen Sie nach der Diät sogar mehr als vor der Diät. Schuld ist der Jo-Jo-Effekt. Vergessen Sie alle Schlankheitsdiäten! Wir zeigen Ihnen mit unseren Rezepten den Weg zu einer Ernährungsweise, die Sie schlank macht, die es Ihnen leicht macht, das Gewicht zu halten und gleichzeitig höchsten kulinarischen Genuss garantiert.

- Egal ob Frühstück, Mittag- oder Abendessen, alle Rezepte sind leicht und schnell nachzukochen.

- Eine spezielle Diabetikerdiät gibt es nicht mehr. Deshalb sind alle Speisen und Gerichte für die ganze Familie geeignet.

- Schnell werden Sie feststellen: Die Gerichte machen Spaß bei der Zubereitung und sind ein Plus für Wohlbefinden und Gesundheit.

- Alle Rezepte wurden sorgfältig nach wissenschaftlich aktuellen Empfehlungen für eine gesunde Ernährung zusammengestellt und enthalten hochwertige und reichlich frische Zutaten.

- Die Portionsgrößen sind so berechnet, dass Sie langsam abnehmen werden. Sollten Sie einmal nicht satt werden, dürfen sie bei Gemüse und Salat noch nachlegen. Das sind Lebensmittel, die Ihren Blutzuckerwert wenig oder gar nicht beeinflussen und das Abnehmen leicht machen.

- Auch wenn Sie schlanker werden möchten, müssen Sie essen. Planen Sie jeden Tag drei Mahlzeiten ein und gönnen Sie sich gelegentlich eine kleine gesunde Zwischenmahlzeit.

- Achten Sie vor allem bei den kohlenhydrathaltigen Lebensmitteln auf gute Qualität. In den Rezepten werden Sie nur solche finden, die Ihren Blutzucker stabil halten: Gemüse, Salate, Hülsenfrüchte, Nüsse und Vollkornprodukte.

- Wenn der Arzt Ihnen Tabletten oder Insulin zur Senkung des Blutzuckers verordnet und gleichzeitig einen Plan zur Verteilung der Kohlenhydrate über den Tag empfohlen hat, halten Sie sich daran.

DER BAUCH MUSS WEG!

Mehr als 80 Prozent aller Diabetiker sind, wenn der Arzt die Erkrankung feststellt, übergewichtig. „Übergewicht ist ein Wegbereiter für Typ-2-Diabetes", sagen Experten. Besonders gefährlich ist es, wenn sich die überschüssigen Pfunde im Bauchbereich sammeln. Sie lassen nicht nur das Risiko für den Typ 2 wachsen, sondern machen den Körper auch anfällig für andere Störungen im Stoffwechsel. Deshalb heißt die wichtigste Empfehlung für alle übergewichtigen Menschen: Die Taille muss schlanker werden.

WENIGER KÖRPERGEWICHT

- senkt Blutzuckerspiegel
- senkt den Blutdruck
- verbessert die Blutfettwerte (Triglyzeride, LDL-Cholesterin)
- verringert das Risiko für gefährliche Folgeerkrankungen von Diabetes mellitus
- erhöht den Spaß an Bewegung
- fördert das Wohlbefinden und das Selbstvertrauen

SO WIRD DIABETES BEHANDELT

Werden zu hohe Zuckerwerte im Blut nicht behandelt, richten Sie Schaden in Ihrem Körper an. Vor allem die Augen, die Nieren, die Blutgefäße und das Nervenkostüm leiden darunter. Deshalb ist eine stabile Blutzuckereinstellung bei der Behandlung von Diabetes das A und O. Egal ob Typ-1- oder Typ-2-Diabetes, die Basis der Behandlung ist immer ein gesunder Lebensstil. Für viele Menschen ist die Diagnose Diabetes der Einstieg in eine gesunde und aktive Lebensweise. Sie fühlen sich wieder wohl und rundum fit. Bei übergewichtigen Menschen bedeutet eine Gewichtsabnahme, dass die Zellen wieder besser auf das Insulin ansprechen. Die Insulinmenge im Blut geht zurück, die Bauchspeicheldrüse wird geschont und das Risiko für gefährliche Folgeerkrankungen sinkt. Diabetes ist nicht heilbar, aber als Patient können Sie mit einer gesunden Lebensweise sehr viel zur Erhaltung von Qualität und Lebensfreude beitragen. Je besser Sie Ihren Lebensstil der Erkrankung anpassen, umso länger können Sie auf Medikamente verzichten.

DIE BEHANDLUNG VON DIABETES MIT MEDIKAMENTEN

Eine Behandlung mit Tabletten oder Insulin ist bei Typ-2-Diabetes dann sinnvoll, wenn die Änderung des Lebensstils nicht ausreicht, um den Blutzucker zu stabilisieren. Nur bei Typ-1-Diabetes sind von Anfang an tägliche Insulinspritzen notwendig. Es gibt verschiedene Wirkstoffe und Möglichkeiten der Behandlung. Ihr Arzt wird gemeinsam mit Ihnen die richtige Behandlungsmethode auswählen.

DER BODY MASS INDEX

Der Body Mass Index oder BMI ist ein Maßstab zur Bewertung Ihres Körpergewichts und zur Abschätzung eines gesundheitlichen Risikos. Sie ermitteln ihn, indem Sie das Körpergewicht durch das Quadrat der Körpergröße in Meter teilen. Beispiel: Bei einem Körpergewicht von 80 Kilogramm und einer Körpergröße von 1,90 m ist der BMI 22,1 [80 / (1,9 x 1,9) = 22,1]

GEWICHTSKLASSIFIKATION BEI ERWACHSENEN ANHAND DES BMI (NACH WHO, 2000)

Kategorie	BMI	Risiko für Begleiterkrankungen
Untergewicht	< 18,5	niedrig
Normalgewicht	18,5 – 24,9	durchschnittlich
Übergewicht	> 25,0	
Grad 1	25 – 29,9	gering erhöht
Grad 2	30 – 34,9	erhöht
Grad 3	35 – 39,9	hoch
Grad 4	> 40	sehr hoch

Ein besonders enger Zusammenhang besteht zwischen Übergewicht und Diabetesrisiko.

AUF DIE FETTVERTEILUNG KOMMT ES AN!

Ärzte und Ernährungswissenschaftler wissen heute, dass nicht nur der Body Mass Index, sondern vor allem die Verteilung der Fettpolster am Körper bei der Beurteilung des gesundheitlichen Risikos eine große Rolle spielt. Besonders gefährdet sind die „Apfeltypen", bei denen die Fettpolster vor allem im Bauchbereich sitzen. Sie haben ein größeres Risiko an Diabetes mellitus, Fettstoffwechselstörungen und Bluthochdruck zu erkranken. Treten alle diese Störungen gemeinsam auf, wird es auch metabolisches Syndrom oder „tödliches Quartett" genannt. Das Bauchfett ist im Gegensatz zu anderen Fettpolstern besonders aktiv. Es schickt Substanzen in die Blutbahn, die die Zellen insulinunempfindlich oder insulinresistent machen. Bei den meisten Menschen mit Insulinresistenz zeigt sich nach einigen Jahren Diabetes mellitus Typ 2.
Die „Birnentypen", die ihr Fett vor allem an Oberschenkeln, Beinen und Po sitzen haben, leben weniger gefährlich.
Wenn Sie übergewichtig sind und einen Body Mass Index errechnet haben, der größer als 25 ist, ist es Zeit, Ihren Bauchumfang messen.

SO MESSEN SIE IHREN BAUCH-/TAILLENUMFANG

- Den Bauchumfang mit freiem Oberkörper im Stehen messen.
- Das Maßband in der Mitte zwischen dem unteren Rippenbogen und dem Beckenkamm anlegen.
- Das Maßband in gerader Linie um den Bauch herumführen.
- Entspannt ein- und ausatmen.
- In leicht ausgeatmetem Zustand messen.

Wenn Sie also einen BMI > 25 haben und Ihr Bauch zu umfangreich ist, sollten Sie unbedingt etwas für sich tun, Ihrer Gesundheit zur Liebe! Das ist leichter gesagt als getan? Wir können Ihnen zusagen, dass es mit den Rezepten dieses Buches möglich ist, mit Genuss zu essen und trotzdem eine schlankere Taille zu bekommen.

S, M, L ODER XL – ACHTEN SIE AUF IHRE KLEIDUNGSGRÖSSE!

Dass auch die Konfektionsgröße ein Maßstab für die Gesundheit sein kann, haben Wissenschaftler der Universität Glasgow in England im Jahr 2005 herausgefunden. Dafür haben sie bei 200 Männern und 160 Frauen den Bauchumfang gemessen, den Body Mass Index ermittelt, den Blutdruck geprüft und mit der Kleidergröße verglichen. Das Ergebnis: Je größer die Konfektionsgröße, desto größer war bei den Männern und Frauen das Risiko für Herzerkrankungen, Bluthochdruck und Diabetes mellitus. Wer gesund bleiben und sich wohlfühlen möchte, tut also gut daran, die Kleider- und Hosengrößen im Blick zu behalten!

TAILLENUMFANG UND GESUNDHEITSRISIKO

	Taillenumfang	Gesundheitsrisiko
Frauen	> 80 cm	erhöhtes Risiko
	> 88 cm	sehr hohes Risiko
Männer	> 94 cm	erhöhtes Risiko
	> 102 cm	sehr hohes Risiko

DER ZEHN-PROZENT-FAKTOR

„Sie haben Diabetes", diese Diagnose bedeutet für viele Menschen zunächst Verzicht, Verbote und weniger Lebensqualität. Dabei sind diese Befürchtungen und Ängste vollkommen überflüssig. Diabetiker müssen heute auf nichts verzichten. Keiner muss eine Diät machen, auch wenn sich ein paar Pfunde zu viel angesammelt haben. Nehmen Sie die Zuckerkrankheit als Einstieg in eine gesündere Lebensweise. Gerade am Anfang können Sie mit kleinen Veränderungen den Blutzuckerspiegel wieder ins Gleichgewicht bringen. Sie werden schlanker, fitter und beweglicher. Das bedeutet mehr Schwung, mehr Selbstbewusstsein und mehr Spaß am Leben.

DAS ÜBEL AN DER WURZEL PACKEN

Die schlechte Nachricht: Wer zu viel Zucker im Blut hat, hat meistens gleichzeitig auch einen hohen Blutdruck, zu viel Fett im Blut und schleppt zu viele Pfunde im Bauchbereich mit sich herum. Die gute Nachricht: Gegen dieses Durcheinander in Ihrem Körper können Sie selbst sehr viel tun. Schon mit kleinen Änderungen in Ihrem Lebensstil und fünf bis zehn Prozent weniger Gewicht können Sie den Stoffwechsel wieder ins Gleichgewicht bringen. Wissenschaftliche Studien haben gezeigt, dass eine Gewichtsabnahme von 100 auf 90 Kilogramm deutlich wirksamer ist, als die Behandlung mit Metformin. Metformin ist ein Medikament, das der Arzt häufig zur Behandlung von erhöhten Blutzuckerwerten (Prädiabetes) und auch bei Diabetes mellitus Typ 2 verordnet. Der Blutzuckerwert morgens vor dem Frühstück und der Langzeitblutzuckerwert HbA_{1c}, den der Arzt regelmäßig testet, entwickeln sich sehr viel besser. Die Messung des HbA_{1c}-Wertes ist die wichtigste Methode, um festzustellen, ob Ihr Blutzucker gut eingestellt ist. Er gibt Auskunft über die Höhe der Blutzuckerwerte der vergangenen zehn Wochen. Ein hoher HbA_{1c}-Wert zeigt, dass der Blutzucker in den letzten Wochen hoch angestiegen sein muss. Je niedriger der Wert ist, desto geringer ist das Risiko, dass der Zucker im Blut Schäden an Nerven, Augen und Nieren anrichtet. Ganz einfach funktioniert das Abnehmen, wenn sie neben kleinen Variationen in Ihrem Speiseplan regelmäßig einen strammen Spaziergang machen. Damit schlagen Sie mehrere Fliegen mit einer Klappe: Bewegung macht eine gute Figur und gute Laune, Bewegung hält die Knochen stabil und Bewegung senkt den Blutzuckerspiegel.

Viele Diabetiker müssen gleichzeitig mehrere Medikamente einnehmen. Wenn sie schlanker werden, brauchen sie weniger davon oder können sogar ganz darauf verzichten. Denn mit dem Gewicht sinken nicht nur der Blutzuckerwert, sondern auch der Blutdruck und der Anteil der ungesunden Fette im Blut. Auf diesem Wege können schon einige Kilos weniger die Lebensqualität verbessern und die Lebensdauer verlängern. Auch das haben die Wissenschaftler in ihren Studien gezeigt.

Was steckt dahinter? Wenn Ihr Körper nicht mehr so schwer an den Pfunden zu tragen hat, werden die Zellen insulinempfindlicher. Die Insulinresistenz sinkt. Das bedeutet, sie öffnen ihre „Zuckertüren" wieder und lassen den Zucker hinein. Der Blutzuckerspiegel sinkt. Die Bauchspeicheldrüse wird geschont. Sie kann ihre Leistung zurückfahren.
Es wird nicht mehr so viel Insulin gebraucht, die Insulinmenge im Blut nimmt ab. Sie haben weniger Hunger und nehmen ab.

Zehn Prozent weniger Körpergewicht, zum Beispiel 90 statt 100 Kilogramm

- senken den Blutzuckerspiegel
- senken den Blutdruck
- lindern Rücken- und Gelenkschmerzen

- sorgen für erholsameren Schlaf
- verbessern die Beweglichkeit
- schaffen mehr Wohlbefinden

Unsere Empfehlung: Wenn Sie Medikamente zur Senkung des Blutzuckers einnehmen und schlanker geworden sind, informieren Sie Ihren Arzt. Er wird untersuchen, ob sie mit einer kleineren Dosierung auskommen oder ganz darauf verzichten können.

SO GEHT ABNEHMEN LEICHTER!

Den meisten Menschen fehlt nicht das Wissen über eine gesunde Ernährung. Sie kennen sich gut aus und wissen genau, worauf es beim Abnehmen ankommt. Und trotzdem gelingt es nicht, auf Dauer schlank zu werden. Die süßen und leckeren Verführungen kommen allzu oft und das Sofa ist einfach so gemütlich. Wie also durchhalten?
Setzen Sie sich konkrete und realistische Ziele, die Sie im Auge behalten können. Überlegen Sie genau, wie viel Sie bis wann abnehmen möchten. Überfordern Sie sich dabei nicht. Ein realistisches Ziel ist ein bis zwei Kilogramm im Monat. Je langsamer Sie abnehmen, desto größer ist die Chance, dass Sie das Gewicht auch halten können. Es ist psychologisch erwiesen, dass es beim Abnehmen hilfreich ist, wenn Sie Ihr Ziel sichtbar machen. Hängen Sie sich ein Foto von einem Kleidungsstück, dass Ihnen früher gepasst hat oder das Sie im Schaufenster gesehen haben, an den Kühlschrank.

Stress macht dick. Schuld sind die Stresshormone. Gemeint ist nicht nur der Terminstress, sondern auch der Stress, den wir bei Aufregung, Ärger oder Traurigkeit spüren. Sorgen Sie also für Entspannung und regelmäßige Erholungspausen im Tagesablauf. Dann nehmen Sie besser ab. Gönnen Sie sich Belohnungen, wenn Sie Etappen zu Ihrem Zielgewicht erreicht haben. Das kann das neue Buch Ihres Lieblingsautors, eine CD, ein Besuch beim Friseur oder in der Sauna sein.
Schlafen Sie ausreichend, denn zu wenig Schlaf bereitet dem Körper Stress. Die Stresshormone bewirken, dass die Bauchspeicheldrüse mehr Insulin produziert. Insulin macht hungrig und fördert das Zunehmen.

SIND SIE WIRKLICH BEREIT?

Sie haben schon oft versucht schlank zu werden? Sie kennen schon viele Diäten? Sie haben schon oft erfahren, dass es leicht ist, schnell abzunehmen, aber schwer ist, dauerhaft das Gewicht zu halten? Crash-Diäten sind nicht zum Abnehmen geeignet. Im Gegenteil, je öfter Sie versuchen, damit schlank zu werden, desto schneller nehmen Sie wieder zu, desto dicker werden Sie. Jede Diät macht nur schlank, solange wir sie einhalten. Und wer will schon ein Leben lang „auf Diät" sein? Um für immer schlank zu werden, brauchen Sie eine Ernährungs- und Lebensweise, die Sie dauerhaft einhalten können, die Ihnen Spaß macht, die Sie satt macht und die Ihnen schmeckt. Mit den Rezepten in diesem Buch zeigen wir Ihnen, dass es möglich ist, mit Genuss zu essen, abzunehmen und das neue Gewicht zu halten.

SIND SIE BEREIT DAZU? MACHEN SIE DEN TEST!

Ich möchte gern abnehmen, weil ...

GESUNDHEITLICHE GRÜNDE

- Der Arzt hat es mir empfohlen. ☐
- Ich möchte, dass es mir besser geht. ☐
- Ich möchte nicht, dass es mir schlechter geht. ☐
- Ich kann sonst nicht operiert werden. ☐

PERSÖNLICHE GRÜNDE

- Ich gerate bei Bewegung schnell außer Atem. ☐
- Ich habe Schwierigkeiten beim An- und Ausziehen. ☐
- Ich kann im Bus oder Flugzeug schlecht sitzen. ☐
- Ich möchte mit meinem Mann / meiner Frau / meinen Kindern wieder mithalten können. ☐
- Ich möchte für meine Kinder und Enkelkinder ein Vorbild sein. ☐
- Ich möchte mich besser und fitter fühlen. ☐

EMOTIONALE GRÜNDE

- Ich möchte selbstbewusster sein. ☐
- Ich möchte wieder mehr Kontrolle über mein Leben haben. ☐
- Ich möchte jemand glücklich machen. ☐
- Mein Übergewicht ist mir peinlich. ☐

FÜR MEIN AUSSEHEN

- Ich werde besser aussehen. ☐
- Andere meinen, dass ich besser aussehen werde. ☐
- Ich werde mich schöner anziehen können. ☐
- Mein Partner wird mich attraktiver finden. ☐
- Ich werde erfolgreicher im Beruf sein. ☐

ANDERE GRÜNDE:

Ihre persönliche Einstellung zu einer gesunden Lebensführung spielt beim Abnehmen eine entscheidende Rolle. Wenn Sie sich dazu zwingen müssen, nur der Empfehlung des Arztes folgen oder weil eine Freundin oder ein Freund Sie dazu überredet hat, ist das Risiko groß, dass Sie langfristig keinen Erfolg haben werden. Sie müssen bereit sein, sich auf Neues einzulassen. Jede Veränderung braucht Mut und auch eine gute Portion Durchhaltevermögen. Manche alten Gewohnheiten müssen Sie über Bord schmeißen und dafür Neues annehmen.
Je mehr Sie selbst von der Notwendigkeit der Lebensstiländerung überzeugt sind, desto erfolgreicher werden Sie sein, desto mehr Spaß werden Sie haben. Sie werden stolz auf sich sein, wenn Sie Ihre Ziele erreicht haben.

Wenn Sie den Test gemacht haben, suchen Sie Antworten auf diese Fragen:
1 Warum möchte ich jetzt abnehmen?
2 Was wäre gut, wenn ich meinen Lebensstil ändern würde und schlanker wäre? (z. B. Ich würde mich rundum besser fühlen.)
3 Was könnte mich davon abhalten, meinen Lebensstil zu ändern, um schlanker zu werden? (z. B. Ich habe keine Zeit.)
4 Was wäre besser, wenn ich so bleiben würde, wie ich bin? (z.B. Ich müsste mich nicht anstrengen.)
5 Was wäre nicht gut, wenn ich so bleiben würde, wie ich bin? (z. B. Die Schmerzen in meinen Knien würden schlimmer werden.)

Die Antworten auf diese Fragen werden Ihnen dabei helfen, Ihre Motivation zum Abnehmen zu stärken. Sie werden herausfinden, ob Sie bereit sind, sich auf einen neuen Lebensstil einzulassen.
Wenn Ihnen die Beantwortung der Fragen 2 und 5 leicht gefallen ist, ist Ihre Motivation hoch und Sie werden sich schnell daran gewöhnen, gesund zu leben.
Wenn Ihnen zu den Fragen 3 und 4 viele Antworten eingefallen sind, sind Sie anscheinend noch nicht bereit, sich auf Neues einzulassen.

SO MOTIVIEREN SIE SICH!

- Formulieren Sie Ihr Ziel positiv, konkret und realistisch. „Ich wäre gern in vier Monaten 15 Kilogramm leichter", ist ein unrealistisches Ziel. Besser ist „ich werde diesen Monat zwei Kilogramm abnehmen". Dieses Ziel können Sie schaffen, und das wird Sie motivieren!
- Stellen Sie sich genau vor, was anders sein wird, wenn Sie schlanker sind. Machen Sie sich eine Positiv-Liste, die Sie motiviert. Zum Beispiel „Ich werde die Jeans vom letzten Jahr wieder anziehen können" oder „Das Treppensteigen macht mir keine Probleme mehr".
- Malen Sie sich aus, wie stolz Sie auf sich sein werden, wenn Sie Ihr Ziel erreicht haben. Das wird Ihr Selbstbewusstsein steigern.
- Suchen Sie sich Unterstützer und Verbündete. Erzählen Sie Ihrer Familie oder Ihren Freunden von Ihrem Vorhaben.
- Planen Sie Rückschläge mit ein, Abnehmen braucht Zeit. Verzeihen Sie sich, wenn Sie vorübergehend in alte Gewohnheiten zurückgefallen sind. Setzen Sie einfach Ihren Weg fort.

Wenn Sie Zweifel haben, ob es zum jetzigen Zeitpunkt richtig ist, sich auf eine neue Lebensweise einzulassen, lassen Sie sich von einem Arzt oder einer Ernährungsfachkraft dazu beraten.

Wenn Sie spüren, dass Sie innerlich noch nicht zum Abnehmen bereit sind, empfehlen wir Ihnen zu warten und diesen Test zu einem späteren Zeitpunkt zu wiederholen.

ANDERS ESSEN – MEHR WOHLBEFINDEN

Bisher haben wir Ihnen gezeigt, warum es so wichtig für Sie ist, kleine Veränderungen in Ihrer Lebensweise vorzunehmen. Jetzt wollen wir Ihnen schmackhaft machen, wie Sie mit genussvollem Essen schlank werden können. Sie können sich satt essen und trotzdem abnehmen. Wenn Sie zur Senkung erhöhter Zuckerwerte im Blut Medikamente erhalten haben, empfehlen wir Ihnen, mit Ihrem Arzt über Ihr Vorhaben abzunehmen zu sprechen. Er wird Sie unterstützen und die Dosierung der Medikamente anpassen.

1. ESSEN SIE SICH DREIMAL AM TAG RICHTIG SATT.

Auch wenn Sie abnehmen wollen, müssen Sie essen. Wenn der Arzt es Ihnen nicht anders empfohlen hat, reichen drei Hauptmahlzeiten, Sie können auf Zwischenmahlzeiten und Snacks verzichten. Das hält den Zucker- und Insulinspiegel im Blut niedrig und sorgt für eine gute Figur.
Gönnen Sie Ihrem Körper zwischen den Mahlzeiten eine Ruhepause von mindestens vier bis fünf Stunden. Erst dann springt die Fettverbrennung richtig an und die Fettpolster schmelzen.
Manchmal kann es sinnvoll sein, vor dem Schlafen noch eine Kleinigkeit zu essen, ihr Arzt wird Sie dazu informieren.

Blutzuckerschwanungen im Laufe des Tages

2. ESSEN SIE ZU JEDER MAHLZEIT ETWAS FRISCHES

Fünf Portionen Gemüse und Obst am Tag, so lautet die Empfehlung der Weltgesundheitsorganisation. Diese Lebensmittel haben eine geringe Nährstoffdichte. Das heißt, sie liefern pro Portion viele gesunde Nähr- und Vitalstoffe, aber wenig Kalorien. Außerdem versorgen sie uns mit einer guten Portion Ballaststoffen und machen damit lange satt. Sie halten den Insulin- und Zuckerspiegel im Blut flach.

Eine Portion ist zum Beispiel:

- 1 mittelgroßer Apfel, Apfelsine oder Birne
- 1 großes Stück Melone oder Ananas
- 2 Pflaumen, Aprikosen oder Kiwis
- 1 Handvoll Kirschen oder Trauben
- 1 halbe Avocado oder eine halbe Grapefruit
- 1 Teelöffel getrocknete Früchte wie Rosinen oder Aprikosen
- 1 Glas ungesüßter Fruchtsaft (wir empfehlen Ihnen nicht mehr als ein Glas pro Tag)
- 1 kleiner gemischter Salat
- 3 gehäufte Teelöffel Hülsenfrüchte (wir empfehlen Ihnen nicht mehr als 1 Portion pro Tag)

3. WENIGER KOHLENHYDRATE

Kohlenhydrate sind die Nährstoffe, die Sie im Auge behalten sollten. Das gilt vor allem dann, wenn Sie Diabetiker sind oder sich viele Fettpolster im Bauchbereich angesammelt haben. Das Hauptproblem bei Diabetes ist, dass der Körper die Kohlenhydrate nur schlecht oder gar nicht verwerten kann. Diabetiker tun deshalb gut daran, nur kleine

Mengen davon zu essen. Aber nicht nur die Menge macht es! Bei den Kohlenhydraten gibt es große Qualitätsunterschiede. „Schnelle Kohlenhydrate" aus Zucker und Honig, aus Bonbons oder Weißbrot werden im Darm schnell verdaut und bewirken, dass der Zuckerspiegel im Blut sehr schnell sehr hoch ansteigt.

Die Bauchspeicheldrüse muss auf Hochtouren arbeiten und schnell viel Insulin ins Blut abgeben, damit der Blutzucker wieder auf Normalniveau absinkt. Meistens sinkt er sogar noch tiefer. Und das hat Folgen: Wir fühlen uns müde und haben Hunger. Das ist der Grund dafür, warum wir nach einem Honigbrötchen zum Frühstück schnell wieder Appetit verspüren, meistens auf einen kohlenhydrathaltigen Snack. Diese starken Blutzuckerschwankungen fördern bei Diabetikern die Entstehung von Schäden an Nieren, Augen und in den Blutgefäßen.

Zudem stoppt das Insulin die Fettverbrennung im Körper und fördert den Aufbau neuer Fettpolster. Besser sind die langsamen Vertreter unter den Kohlenhydraten. Sie gehen langsam ins Blut, schonen die Bauchspeicheldrüse, machen lange satt und beeinflussen kaum die Fettverbrennung im Körper. Dazu gehören alle Vollkornprodukte wie Brot, Brötchen, Naturreis, dunkle Nudeln, Getreideflocken und Müsli. Sie machen das Abnehmen leichter.

WAS IST DER GLYKÄMISCHE INDEX?

Lebensmittel, die den Zucker- und Insulinspiegel im Blut schnell hoch ansteigen lassen, haben einen hohen glykämischen Index. Sie sind ungünstig für Diabetiker und alle, die abnehmen wollen.

Je niedriger der glykämische Index, desto stabiler bleibt der Blutzuckerspiegel. Ballaststoff- und wasserreiche Lebensmittel wie Vollkornprodukte, Blattsalate und fast alle Gemüsesorten haben einen niedrigen glykämischen Index. Nudeln mit Biss oder Reis „al dente" sorgen für einen niedrigeren Blutzuckerwert als die weich gekochte Variante. Die Kochzeit kann den glykämischen Index und damit die Wirkung von Lebensmitteln auf den Blutzuckerspiegel beeinflussen.

Je länger Nudeln und Reis gegart werden, desto mehr Traubenzucker wird freigesetzt, desto höher und schneller steigt der Zuckerwert im Blut.

WISSENSWERTES ZU GEMÜSE UND OBST

- Gemüse, Hülsenfrüchte und auch Obst enthalten sekundäre Pflanzenstoffe. Dazu gehören die Farbstoffe aus roten, gelben oder grünen Früchten wie Möhren, Kürbis, Tomaten, Aprikosen, Wassermelone, Brokkoli, Spinat oder Grünkohl. Ihnen werden vielfältige gesundheitsfördernde Eigenschaften zugeschrieben. Sie senken den Blutdruck und den Blutzucker, sie fördern die Verdauung, sie liefern Power für das Immunsystem und sollen uns sogar vor einigen Krebsarten schützen können.

- Tiefkühlware ist genau so wertvoll wie frische Ware. Aber kaufen Sie tiefgekühltes Gemüse und Obst nur „pur". Viele Fertigprodukte sind schon mit Sahne, Saucen oder Zucker abgeschmeckt.

Die Art der Zubereitung spielt ebenfalls eine Rolle, so sind Pellkartoffeln für den Blutzuckerwert günstiger als Kartoffelbrei.
Unsere Empfehlung: Essen Sie kohlenhydrathaltige Lebensmittel nur in kleinen Mengen. Bevorzugen Sie solche mit einem niedrigen glykämischen Index und kombinieren Sie sie stets mit anderen Lebensmitteln. Das tut Ihrer Gesundheit gut und macht die Taille schlanker!

4. GESUNDE FETTE

Fett hat mehr als doppelt so viele Kalorien wie Eiweiß oder Kohlenhydrate. Das ist gut zu wissen, wenn es um das Einsparen von Kalorien geht. Schlanker werden wir nur, wenn wir dem Körper weniger Kalorien anbieten, als er braucht. Aber es ist auch wichtig zu wissen, dass Fette lebensnotwendig sind. Sie liefern lebenswichtige Fettsäuren und Vitamine. Jede Zelle im Körper braucht Fett als Baustoff. Und Fett ist ein Geschmacksträger. In der Küche besonders zu empfehlen sind pflanzliche Öle.

FETTSPAREN ABER RICHTIG

Wählen Sie bei den tierischen Lebensmitteln sorgfältig aus. Kaufen Sie lieber magere Hähnchen- oder Putenbrust, Schnitzelfleisch, Braten oder Steak, statt fettreicher Würstchen oder Leberkäse. Schneiden Sie einen allzu breiten Fettrand am Schinken oder Steak ab, aber gönnen Sie sich marmoriertes, von feinen Fettadern durchzogenes Fleisch. Das schmeckt besser.
In jede Küche gehören verschiedene gesunde Öle. Besonders zu empfehlen sind Rapsöl und Olivenöl. Probieren Sie auch die besondere Geschmacksnote von Leinöl oder verschiedenen Nussölen.
Um die Menge besser im Griff zu halten, empfehlen wir Ihnen das Öl nicht aus der Flasche zu gießen, sondern mithilfe eines Ölzerstäubers oder eines Pinsels fein in der Pfanne zu verteilen. Backen, grillen oder dünsten Sie die Speisen, das sind fettsparende Zubereitungsarten.

TIPPS ZU KOHLENHYDRATEN

- Kohlenhydrate machen hungrig! Wenn Sie abnehmen oder Ihr Gewicht halten möchten, essen Sie nur selten Lebensmittel mit „schnellen Kohlenhydraten". Dazu gehöre Zucker, Honig, alle mit Zucker gesüßten Speisen und Getränke, Süßigkeiten und Weißbrot. Sie bewirken ungesunde Blutzuckerspitzen und -schwankungen, locken viel Insulin und machen das Abnehmen schwer.

- Bevorzugen Sie Lebensmittel mit langsamen Kohlenhydraten, die den Blutzucker stabil halten. Das sind vor allem Vollkornprodukte. Genießen Sie davon jeden Tag kleine Mengen.

- Erbsen, Bohnen und Linsen (Hülsenfrüchte) sind phantastische Sättigungsbeilagen. In kleinen Portionen eignen sie sich bestens als Ersatz für Kartoffeln, Reis oder Nudeln. Aufgrund der enthaltenen Ballaststoffe lassen Sie den Blutzucker nicht so hoch ansteigen. Das ist gut für Diabetiker und für alle, die schlanker werden möchten.

- Günstig sind Lebensmittel mit einem niedrigen Kohlenhydratgehalt. Das sind die meisten Salat- und Gemüsesorten, Fisch, Fleisch, Geflügel und Eier. Diese Lebensmittel haben keinen oder nur einen geringen Einfluss auf den Blutzuckerspiegel. Das ist günstig für Diabetiker und das Körpergewicht.

- Der Heißhunger auf Kohlenhydrate verschwindet meistens schon nach einigen Tagen. Essen Sie gerade in den ersten Tagen besonders kohlenhydratbewusst.

- Diabetiker, die mit Insulin oder Tabletten behandelt werden, müssen die Insulin-/Tablettendosis der Kohlenhydratmenge anpassen. Bleiben Sie dazu mit Ihrem Arzt im Gespräch.

ACHTEN SIE BEI DEN KOHLENHYDRATEN AUF EINEN NIEDRIGEN GLYKÄMISCHEN INDEX

ESSEN SIE LIEBER	ANSTATT
Vollkornbrot, Kleiebrot, Sauerteigbrot	Weißbrot, Croissants, Baguette, Toastbrot

ESSEN SIE LIEBER	ANSTATT
braunen Reis, Parboiledreis, Basmatireis	Jasminreis, weißer Reis
Vollkornnudeln al dente gekocht	weiße Nudeln weich gekocht

ESSEN SIE LIEBER	ANSTATT
Pellkartoffeln, Bulgur, Couscous	Salzkartoffeln ohne Schale, Pommes frites, Bratkartoffeln

ESSEN SIE LIEBER	ANSTATT
Hülsenfrüchte: rote und grüne Linsen, Erbsen, Kidneybohnen, weiße Bohnen	Kartoffeln, Nudeln
frisches oder tiefgefrorenes ungezuckertes Obst	Obstkonserven, Trockenfrüchte

Fette Fischsorten wie Lachs, Makrele oder Hering liefern besonders wertvolle Fettsäuren. Auch um Nüsse brauchen Sie keinen Bogen zu machen. Sie sind zwar fettreich, aber enthalten gleichzeitig viele gesunde Fettsäuren, reichlich Vitamine, Mineralstoffe und Eiweiß.

VERSCHIEDENE FETTARTEN

Wie bei den Kohlenhydraten gibt es auch bei den Fetten unterschiedliche Qualitäten. Zu den gesunden Fetten gehören vor allem solche, die reich an der einfach ungesättigten Ölsäure sind. Raps-, Oliven-, Hanf- und Haselnussöl enthalten reichlich Ölsäure. Ein sparsamer Umgang ist bei Sonnenblumenöl, Weizenkeimöl, Maiskeimöl und Distelöl zu empfehlen. Gesättigte Fettsäuren verstecken sich vor allem in tierischen Lebensmitteln wie Wurst, Käse, Sahne, Butter. Keine Angst, auch wenn häufig vor ihnen gewarnt wird: Neue Untersuchungen haben gezeigt, dass sie besser sind als ihr Ruf. Vor allem, wenn Sie Kohlenhydrate im Speiseplan einsparen und reichlich gesunde Öle genießen, können Sie diese Produkte in Maßen in Ihren Speiseplan einbeziehen.

Ganz unten auf der Hitliste der Fettsäuren stehen die sogenannten Transfettsäuren. Sie entstehen, wenn flüssige Fette gehärtet werden und sind in Keksen, salzigem Knabbergebäck, und manchen Fertiggerichten enthalten. Sie wirken sich schlecht auf die Blutfette aus und erhöhen das Risiko für Herz-Kreislauf-Erkrankungen. Sie erkennen sie, wenn auf den Produkten die Begriffe „gehärtet" oder „teilgehärtet" vermerkt sind.

MULTITALENTE OMEGA-3-FETTSÄUREN

Besonders zu empfehlen sind Fette, die reich sind an den mehrfach ungesättigten Omega-3-Fettsäuren. Das sind Walnussöl, Leinöl, Hanföl und vor allem die Fischarten Makrele, Lachs und Hering. Wir empfehlen Ihnen davon jede Woche mindestens ein bis zwei Mahlzeiten, am besten im eigenen Saft oder Gemüsebett gedünstet oder geräuchert. Sie senken die Blutfettwerte, verbessern die Fließeigenschaft des Blutes, normalisieren den Blutdruck und hemmen die Entstehung von Entzündungen.

5. POWERNÄHRSTOFF EIWEISS

Eiweißreiche Lebensmittel wie Fisch, Fleisch, Milch, Käse, Quark und Joghurt, Hülsenfrüchte und Nüsse gehören zu jeder Mahlzeit. Das kann zum Beispiel morgens eine Quarkspeise mit Beerenfrüchten sein, mittags ein großer bunter Salat mit Hähnchenfleisch und abends Spiegelei mit Spinat. Eiweiß hat im Körper tolle Wirkungen. Wenn Sie Eiweiß gegen Kohlenhydrate austauschen, bleibt Ihr Blutzuckerwert stabil. Eiweiß macht lange satt, die wichtigste Voraussetzung, um dauerhaft schlanker zu werden.
Auch Diabetiker können eiweißreiche Lebensmittel ruhig essen. Nur wenn der Arzt es aufgrund einer Nierenschädigung ausdrücklich empfiehlt, ist Zurückhaltung angebracht. Aufgepasst: Milchprodukte enthalten auch Kohlenhydrate, die den Blutzucker ansteigen lassen. Diabetiker, die mit Insulin behandelt werden, müssen die Menge berücksichtigen.

6. ZUCKER IST ERLAUBT

Die meisten Menschen naschen gern und das ist auch während einer Abnehmphase nicht verboten. Auf alles, was verboten ist, bekommen wir irgendwann einen Heißhunger und schlagen heftiger zu, als es das Kalorienkonto erlaubt. Gönnen Sie sich gelegentlich eine kleine Portion Ihrer Lieblingsnascherei, aber nicht als Snack zwischendrin, sondern im Anschluss an eine Hauptmahlzeit. Auch Diabetiker müssen nicht auf Zucker & Co. verzichten. Bis zu 50 Gramm pro Tag sind „erlaubt", am besten in verpackter Form, zum Beispiel in einem kleinen Stück Vollkorngebäck.

SÜSSSTOFFE UND ZUCKERAUSTAUSCHSTOFFE

Der große Vorteil von Süßstoffen ist, dass sie keine Kalorien haben. Sie sind kohlenhydratfrei und erhöhen nicht den Blutzucker. Zu den Süßstoffen zählen Cyclamat, Aspartam, Acesulfam oder Thaumatin. Mit Süßstoffen lässt sich auch kochen und backen. Süßstoffe sind gesundheitlich unbedenklich. Dennoch empfehlen wir Ihnen, davon nur kleine Mengen zu verwenden. Die bessere Alternative ist, Ihren Gaumen an weniger süße Lebensmittel zu gewöhnen.
Zu den Zuckeraustauschstoffen zählen Fruchtzucker (Fruktose), Sorbit, Xylit, Mannit, Lactit oder Polydextrose. Diese Süßungsmittel haben Kalorien und lassen den Blutzucker bei größeren Mengen geringfügig ansteigen. Die meisten verursachen bei häufigem Genuss Blähungen und Durchfall. Abraten möchten wir Ihnen vor allem von Zuckeraustauschstoff Fruktose. Fruchtzucker zerstört Körpereiweiß und lässt den Anteil ungesunder Fettanteile im Blut wachsen.

7. ALKOHOL – IN GERINGEN MENGEN

Genießen Sie Alkohol in Maßen. Behalten Sie dabei Ihr Kalorienkonto im Auge. Alkohol hat fast genau so viele Kalorien wie Fett. Trinken Sie lieber einen leichten trockenen Weiß- oder Rotwein oder eine Weinschorle als eine Spätlese, einen Cognac oder einen Likör. Im Rotwein sind übrigens eine Menge Vitalstoffe enthalten, die die Blutgefäße reinigen, das Blut schneller fließen lassen und vor Erkrankungen von Herz und Kreislauf schützen sollen. Gönnen Sie sich aber auch davon, wenn Ihr Arzt nichts dagegen hat, nicht mehr als ein bis zwei Gläschen pro Tag. Kohlenhydratarm und deshalb in kleinen Mengen für Diabetiker geeignet sind auch alle Sektsorten mit dem Zusatz „brut", „extra trocken" oder „extra dry" sowie alle Branntweine wie Calvados, Ouzo, Korn, Whisky oder Wodka. Bier enthält reichlich Kohlenhydrate. Auch alkoholfreie Biere oder Diätbiere bieten für Diabetiker keinerlei Vorteile. Alkohol macht hungrig. Trinken Sie ihn deshalb nie vor, sondern immer zum Essen. Um das Risiko von starken Blutzuckerschwankungen auszuschließen, sollten Diabetiker nach dem Alkoholgenuss den Blutzucker messen.

8. SALZARM ESSEN

Wer zu viele Pfunde auf die Waage bringt, hat ein erhöhtes Risiko für Bluthochdruck. Auch bei Diabetikern stellen die Ärzte häufig einen zu hohen Blutdruck fest. Meistens senken sie ihn mit Medikamenten. Sie können die Behandlung unterstützen.

TIPPS ZUM SALZSPAREN

- Nehmen Sie weniger Salz beim Kochen. Unsere Rezepte sind salzarm. Stattdessen kommen Sie in den Genuss feiner Kräuter und Gewürze.

- Stellen Sie den Salzstreuer zum Nachwürzen gar nicht erst auf den Tisch.

- Experimentieren Sie mit Kräutern, egal ob frisch, getrocknet oder tiefgefroren.

- Probieren Sie auch das Würzen mit Zitronenschale oder -saft, Balsamico, frisch gemahlenem Pfeffer aus der Mühle und Tabasco. Schon bald werden Sie den Geschmack des Salzes nicht mehr vermissen.

- Wählen Sie bewusst salzarme Lebensmittel, zum Beispiel Thunfisch, eingelegt im eigenen Saft anstatt in Salzlake, ungesalzene Butter oder salzarme Würzmischungen.

- Lassen Sie salzige Erdnüsse, Chips oder anderes Salzgebäck im Regal liegen. Naschen Sie stattdessen ungesalzene Nüsse, frisches Obst oder Gemüserohkost.

- Gepökelte, gesalzene und geräucherte Fleischwaren sind besonders salzig. Kaufen Sie stattdessen lieber frisches, unbehandeltes Fleisch.

- Gemüse liegt in Konserven immer in einer Salzlake. Die bessere Alternative ist frisches Gemüse.

- Schauen Sie beim Einkauf von Mineralwasser auf das Etikett: Ein salzarmes Mineralwasser enthält weniger als 20 Milligramm Natrium pro Liter.

- Kochen Sie möglichst oft frisch und verzichten Sie auf Fertiggerichte aus Tüten oder Dosen.

Bluthochdruck wird mit einem hohen Salzkonsum in Verbindung gebracht. „Weniger Salz", lautet häufig die erste Empfehlung. Salz ist eine Verbindung aus Natrium und Chlor. Allerdings unterscheiden die Wissenschaftler zwischen kochsalzempfindlichen und weniger kochsalzempfindlichen Menschen. Nur bei denjenigen, die aufgrund einer Veranlagung kochsalzempfindlich sind, sinkt der Blutdruck, wenn sie weniger Salz essen.
Sie wissen nicht, ob Ihr Blutdruck „salzempfindlich" ist? Probieren Sie es aus!
Das meiste Salz nehmen wir über verarbeitete Lebensmittel zu uns, Käse, Brot, gepökelte Lebensmittel und Fertiggerichte. Wer gern salzig isst, strapaziert seinen Geschmackssinn. Er stumpft ab. Werden Sie zum Feinschmecker und verwöhnen Sie Ihren Gaumen mit Kräutern und Gewürzen.

9. DIABETIKERPRODUKTE – ÜBERFLÜSSIG UND UNSINNIG

Diabetikerlebensmittel sind speziell für Diabetiker hergestellte Produkte. Dabei handelt es sich überwiegend um Süßwaren, bei denen in der Regel nur der Zucker durch Zuckeraustauschstoffe, Süßstoffe oder eine Kombination aus Zuckeraustauschstoffen und Süßstoffen ersetzt wurde. Sie erwecken den Eindruck, Diabetiker könnten davon ohne Anrechnung der Kohlenhydrate beliebige Mengen verzehren oder trinken.
Die meisten Diabetikerlebensmittel enthalten genauso viele oder oft sogar mehr Kalorien als normale Lebensmittel. Sie bringen Diabetikern keinerlei Vorteile, manche schaden sogar. Fachleute forderten schon lange, die Diabetikerlebensmittel aus den Regalen zu nehmen. Dem hat die Regierung nun Rechnung getragen. Nur bis Ende 2012 dürfen diese Spezial-Lebensmittel noch hergestellt werden.

CLEVER EINKAUFEN

Bestimmt haben Sie das schon erlebt: Sie wollten nur schnell drei Dinge im Supermarkt besorgen und an der Kasse liegt dann doch deutlich mehr im Einkaufswagen. Einkaufen im Supermarkt ist gar nicht so leicht. Die Marketingexperten lassen sich viel einfallen, damit wir „schwach" werden. Durch eine angenehme Temperatur, perfekte Beleuchtung und Musik, die für gute Laune sorgt, werden wir schnell zu einem Großeinkauf verführt. Die Gänge zwischen den Regalen sind eng, wir können schlecht an den anderen Kunden vorbei und den Einkaufswagen nur langsam zur Kasse schieben. Automatisch schauen wir uns das Warensortiment ausführlicher an.

Die Tricks der Verkäufer gehen nicht selten zulasten unserer Einkaufsdisziplin. Der aromatische Geruch von frisch gebackenem Brot aus der Backabteilung oder das würzige Aroma des gerade vom Metzger zubereiteten Bratens lassen das Wasser im Mund zusammenlaufen, sodass wir gern zugreifen. Mit unseren Einkaufstipps können Sie diesen Versuchungen widerstehen.

1. Gehen Sie nie hungrig einkaufen.
   Wenn der Magen knurrt, landet oft mehr im Einkaufswagen als geplant.
2. Machen Sie sich vor dem Gang in den Supermarkt einen Einkaufszettel. So kaufen Sie nur die Lebensmittel, die Sie wirklich brauchen.
3. Lassen Sie sich nicht von der günstigen Großpackung verführen. Wenn Sie allein oder zu zweit sind, ist eine Familienpackung zu groß und verführt zu üppigen Portionen.

DAS MUSS AUF DER ZUTATENLISTE VON VERPACKTEN LEBENSMITTELN STEHEN:

- Verkehrsbezeichnung (Name des Lebensmittels)
- Zutatenverzeichnis, in absteigender Reihenfolge ihres Gewichtsanteils. Nur bei Zutaten, die im Namen oder auf dem Etikett besonders beworben werden, muss die genaue Menge angegeben werden (z. B. Gemüsepfanne mit Geflügelfleisch).
- Mindesthaltbarkeitsdatum oder Verbrauchsdatum
- Füllmenge
- Name, Firma und Anschrift des Herstellers, Verpackers oder eines in der EU niedergelassenen Verkäufers
- Los-/Chargennummer

4. Wenn Sie nur wenige Dinge im Supermarkt einkaufen wollen, legen Sie sie in einen kleinen Einkaufskorb. Große Einkaufswagen verführen zum Großeinkauf.
5. Achten Sie bei Fertigprodukten auf die Zutatenliste. Hier sind alle Zutaten nach ihren Mengen in absteigender Reihenfolge aufgelistet. Je weiter der Zucker unten auf der Liste steht, desto weniger ist drin, desto geringer ist die Auswirkung auf den Blutzuckerspiegel.
6. Studieren Sie die aktuellen Sonderangebote in der Supermarkt-Werbung in Ruhe zuhause und überlegen Sie, was Sie wirklich brauchen.
7. Lassen Sie spezielle Diabetikerlebensmittel im Regal liegen. Sie sind in der Regel teuer und keine echte Alternative.
8. Kaufen Sie saisongerecht ein.
9. Genießen Sie das erntefrische Aroma von Obst und Gemüse aus Ihrer Region. Auf langen Transportwegen gehen viele Vitalstoffe verloren.
10. Lassen Sie sich nicht von nichtssagenden Güte- und Prüfsiegeln hereinlegen. Angaben wie „regelmäßig kontrolliert" oder „mit frischer Sahne" sind Selbstverständlichkeiten. Alle im Supermarkt angebotenen Lebensmittel werden regelmäßig kontrolliert und aus frischen Zutaten hergestellt.

DIE ZUCKERFALLE

Zucker ist in kleinen Mengen auch für Diabetiker erlaubt, am besten nicht pur, sondern umgeben von Eiweißen oder Fett. Genießen Sie so wenig wie möglich. Versuchen Sie Ihren Gaumen von dem süßen Geschmack etwas zu entwöhnen. Wir haben die Zuckermenge in unseren Rezepten bewusst niedrig gehalten. Achten Sie bei verpackten Lebensmitteln stets auf die Zutatenliste. Aber Vorsicht: Zucker versteckt sich auch hinter diesen Begriffen.

ACHTUNG: ZUCKER

Brauner Zucker oder Honig sind keine empfehlenswerten Alternativen. Manchmal finden sich sogar mehrere dieser Begriffe auf dem Etikett, sodass die tatsächliche Zuckermenge nicht so ins Auge fällt.

Andere Bezeichnungen für Zucker sind:

- Saccharose (Rüben-, Rohr-, Haushaltszucker, Kristallzucker)
- Dextrose
- Glukosesirup
- Invertzuckersirup
- Laktose = Milchzucker
- Maltose = Malzzucker
- Maltodextrin
- Fruktose
- Traubenzucker

STEVIA – NATÜRLICHE, KALORIENFREIE SÜSSE

Eine echte Alternative zu Zucker für alle, die schlanker werden oder ihr Gewicht halten möchten, bieten die Blätter der Steviapflanze aus Südamerika. Sie sind bis zu 30-mal süßer als Haushaltszucker. Steviolglykoside heißen die süßen Substanzen, die als Lebensmittelzusatzstoff mit der Bezeichnung Nummer E 960 zugelassen sind. In über 30 Lebensmittelkategorien, meist kalorienreduzierte Produkte wie Marmelade, Süßwaren, Eis, Zubereitungen aus Obst und Gemüse, können sie eingesetzt werden.
Es gibt Steviasüßstoffe als Pulver, in Form von Tabletten und als Flüssigkeit. Sie lassen sich pur zum Süßen und auch zum Kochen und Backen verwenden. Das Beste daran ist: Sie können vom Menschen nicht verdaut werden, sondern werden wieder ausgeschieden und liefern somit keine Kalorien. Dennoch ist Stevia keine Freifahrtschein für ungezügeltes Schlemmen.
Die Europäische Behörde für Lebensmittelsicherheit (EFSA) hat die Unbedenklichkeit des neuen Steviasüßstoffes zwar bestätigt. Allerdings legte sie eine zulässige tägliche Aufnahmemenge fest. Derzeit gelten vier Milligramm pro Kilogramm Körpergewicht pro Tag als gesundheitlich unbedenklich. Daher sollten mit Stevia gesüßte Lebensmittel nur sparsam verzehrt werden.

TIPPS FÜR DIE MENÜAUSWAHL IM RESTAURANT

- Essen Sie vor dem Hauptgericht einen frischen Salat mit einem zuckerfreien Dressing aus Essig und Öl.
- Ignorieren Sie den Brotkorb, der dazu auf den Tisch gestellt wird, oder bestellen Sie ihn am besten direkt ab.
- Gut geeignet und bekömmlich sind Gerichte mit Gemüse, Fleisch oder Fisch als Hauptbestandteil.
- Bevorzugen Sie gegrillte oder gedünstete Zubereitungsarten. Wenn möglich, packen Sie das Fleisch aus der Panade.
- Wählen Sie Gerichte aus, bei denen Sie die kohlenhydrathaltigen Beilagen gut abschätzen können. Das ist besonders wichtig, wenn Sie Insulin spritzen.
- Verzichten Sie öfter mal auf Kartoffeln, Nudeln oder Reis und tauschen Sie diese Beilagen gegen eine größere Portion Gemüse oder Salat aus. Damit verbessern Sie die Qualität der Kohlenhydrate auf Ihrem Teller. Sie bekommen mehr langsam wirkende Kohlenhydrate. Das ist besser für Ihren Zucker- und Insulinspiegel im Blut, und das Abnehmen geht leichter. In den meisten Restaurants ist solch ein Tausch kein Problem.
- Als Getränke empfehlen wir Ihnen Mineralwasser oder, wenn der Arzt nichts dagegen hat, ein kleines Gläschen trockenen Rot- oder Weißwein oder eine Weinschorle.
- Trinken Sie unmittelbar vor dem Essen ein großes Glas Mineralwasser. Das dämpft den Appetit.
- Vorsicht beim Dessert. Statt Mousse au chocolat oder Tiramisu empfehlen wir Ihnen frische Früchte, Wasser-Fruchteis, eine kleine Portion Käse oder einfach nur einen Espresso oder eine Tasse Kaffee ohne Zucker.

FETT-O-METER

Gesättigte Fettsäuren in Käse, Angaben pro Portion

Viele gesättigte Fettsäuren

Frischkäse (Rahmstufe)

Parmesan

Edamer

Cheddar (fettreduziert)

Ricotta

Feta (fettreduziert)

Hüttenkäse

Quark

Wenige gesättigte Fettsäuren

SALZ-O-METER

Salzgehalt in Snacks und Zwischenmahlzeiten, Angaben pro Portion (Portionsgröße in Klammern)

Viel Salz

- **Laugenbrezel/-brötchen,** (1 Stück, 50 g)
- **Pizzabaguette** (125 g)
- **Salzstangen** (10 Stück, 17 g)
- **Erdnussflips** (50 g)
- **Kartoffelchips, geröstet und gesalzen** (10 Stück, 17 g)
- **Kräcker** (2 Stück, 10 g)
- **Ungesalzene Nüsse** (25 g)

Wenig Salz

ZUCKER-O-METER

Zuckergehalt in verschiedenen Snacks und Süßigkeiten, Angaben pro Portion

Viel Zucker

- **Gummibärchen, Lakritze**
- **Popcorn, süß**
- **Schokoriegel mit Keks**
- **Honig**
- **Lebkuchen**
- **Kokosmakronen**
- **Müsliriegel**
- **Vollkorn-Rosinen-Brötchen**
- **Kaugummi**

Wenig Zucker

BEWEGUNG TUT GUT

Hätten Sie gedacht, dass die meisten Menschen sich nicht mehr als 500 Meter am Tag bewegen? Dabei sind wir eigentlich für Bewegung gemacht. Unsere Vorfahren in der Steinzeit mussten 20 bis 30 Kilometer am Tag laufen, um Ihre Vorräte wieder aufzufüllen. Zu wenig Bewegung ist der entscheidende Grund dafür, dass heute so viele Menschen Gewichtsprobleme haben. Schlanker wird der Körper nur, wenn die Kalorienbilanz negativ ist. Deshalb müssen wir dem Körper weniger Kalorien anbieten, als er braucht und gleichzeitig den Kalorienverbrauch durch Bewegung ankurbeln. Bewegung bringt die Fettverbrennungsöfen im Körper in Gang und zwar auch dann noch, wenn Sie schlafen. Für Diabetiker gibt es noch mehr Pluspunkte. Regelmäßige Bewegungseinheiten senken den Blutzucker, der Herzmuskel wird gestärkt, der Herzschlag verlangsamt sich und das Herz wird geschont. Die Lunge wird kräftiger und der ganze Körper wird von oben bis unten gut durchlüftet. Aktive Menschen sind seltener erkältet und schlafen besser. Sie sind ausgeglichener, sind stolz auf sich und genießen ein gutes Körpergefühl. Reservieren Sie also jeden Tag eine bestimmte Zeit für Bewegung.

BEWEGUNG TUT NICHT NUR DER FIGUR GUT. VORTEILE REGELMÄSSIGER BEWEGUNG:

- verbessert Ihre Blutzuckereinstellung und schützt Sie vor gefährlichen Folgeerkrankungen
- fördert den Aufbau neuer Muskulatur
- verbessert die Beweglichkeit
- lässt den Blutzucker senken
- stärkt die Gelenke und die Wirbelsäule
- verringert Rückenschmerzen
- fördert Entspannung und Wohlbefinden
- hilft beim Stressabbau
- sorgt für ein gutes Körpergefühl und ein befriedigendes Liebesleben
- verbessert die Blutfettwerte
- macht das Abnehmen leichter
- verringert das Risiko für Herzinfarkt, Osteoporose und Krebserkrankungen

DREI- BIS VIERMAL PRO WOCHE DEN KREISLAUF IN SCHWUNG BRINGEN

Je mehr Bewegung, desto besser. Bestens geeignet sind Ausdauersportarten. Wenn Sie bisher zu den Bewegungsmuffeln gehörten oder aufgrund eines starken Übergewichts Problem mit dem Rücken oder den Gelenken haben, lassen Sie es langsam angehen. Starten Sie mit einem halbstündigen Training pro Woche und erhöhen Sie die Bewegungsphase langsam auf drei bis vier Einheiten in der Woche. Suchen Sie sich eine Sportart, die Ihnen viel Spaß macht. Das muss nicht Jogging sein, auch schwimmen, Fahrrad fahren, tanzen, schnelles Gehen oder flotte Gymnastik kurbeln den Kalorienverbrauch an. Lassen Sie sich bei der Auswahl von Ihrem Arzt oder einem Profi im Fitnesscenter beraten. Verlangen Sie nicht zu viel von sich. Wenn Sie sich beim Laufen oder Schwimmen noch gut unterhalten können, ist die Belastung gerade richtig. Versuchen Sie die Bewegung mindestens 20 Minuten durchzuhalten, besser noch 30 bis 40 Minuten. Erst dann kommt die Fettverbrennung in Gang.

Mit dem Auto oder Bus zum Arbeitsplatz, stundenlang am Computer sitzen, mit dem Auto zum Supermarkt, zu Hause aufs Sofa und danach erschöpft ins Bett fallen. Bei vielen Menschen kommt auch im Alltag die Bewegung viel zu kurz. Dabei bieten sich zahlreiche Möglichkeiten: Nehmen Sie die Treppe statt Aufzug oder Rolltreppe. Gehen Sie zum Einkaufen zu Fuß. Nutzen Sie öfter das Fahrrad. Steigen Sie eine oder zwei Haltestellen vor Ihrem Ziel aus dem Bus und gehen den Rest des Weges zu Fuß. Treffen Sie sich mit Freunden zu einem flotten Spaziergang. Toben Sie mit Kindern oder Enkelkindern. Auch im Fernsehsessel können Sie aktiv werden. Lassen Sie die Fußgelenke und die Schultern abwechselnd kreisen oder heben Sie im Wechsel die Unterschenkel an und halten Sie sie zwei Minuten oben. Lassen Sie kleine Bewegungseinheiten zum festen Bestandteil Ihres Alltags werden.

Wenn Sie als Diabetiker mit Insulin behandelt werden oder Medikamente zur Senkung des Blutzuckers oder Blutdrucks einnehmen, sollten Sie, bevor Sie mehr Bewegung in den Alltag einbauen, mit dem Arzt sprechen. Er wird Ihnen zeigen, was Sie beachten und wie Sie Ihre Medikamentendosis anpassen müssen.
Treffen Sie eine Verabredung mit sich selbst. Reservieren Sie feste Zeiten für Bewegung. Wir empfehlen Ihnen ein Bewegungstagebuch zu führen, indem Sie auch festhalten, wie Sie sich fühlen. Schnell werden Sie erkennen, dass Bewegung das Wohlbefinden und die Lebensfreude erhöht. Motivieren Sie sich durch eine Belohnung, wenn Sie Ihr Ziel erreicht haben.

SO KÖNNTE IHR BEWEGUNGS-TAGEBUCH AUSSEHEN:

Woche vom bis

Mein Ziel in dieser Woche: ______________________________

(Zum Beispiel: Montag und Donnerstag von 18 bis 19 Uhr schwimmen oder Dienstag, Donnerstag und Samstag jeweils 30 Minuten stramm spazieren gehen oder im Büro die Treppen statt den Aufzug benutzen)

	Art der Bewegung	**Dauer (Minuten)**	**So habe ich mich danach gefühlt**
Montag			
Dienstag			
Mittwoch			
Donnerstag			
Freitag			
Samstag			
Sonntag			

Und damit will ich mich belohnen, wenn ich mein Ziel erreicht habe: ______________________________

ZU DEN REZEPTEN

Alle Rezepte entsprechen in ihrer Zusammensetzung aktuellen wissenschaftlichen Empfehlungen. Damit das Nachkochen gut klappt, empfehlen wir Ihnen, sich vor dem Kochen das Rezept gut zu durchzulesen. Alle Rezepte sind in ihrem Gehalt an Fett, gesättigten Fettsäuren, Kohlenhydraten, Natrium (1 g Kochsalz enthält 0,4 g Natrium) und Kalorien berechnet, außerdem werden BEs und KHEs angegeben.

Natürlich können Sie ganz nach Ihrem Geschmack kleine Veränderungen vornehmen. Probieren Sie die Vielfalt von Kräutern, tauschen Sie Bohnen gegen Linsen oder vergrößern Sie die Gemüseportion, um den Sättigungsfaktor der Mahlzeit zu erhöhen. Achten Sie beim Einkauf auf Frische und Qualität.

VORRATSSCHRANK

- Bohnen in der Dose, pur in Wasser, also ohne Zusatz von Zucker oder Salz
- stückige Tomaten in der Dose, ebenfalls ohne Zusätze
- eingelegte Paprika, vor dem Verwenden immer gut abtropfen lassen
- Nudeln in allen Variationen, auch Reis-, Dinkel-, Buchweizen- oder Vollkornnudeln
- Vollkornreis, vorwiegend Basmativollkornreis
- Getreide: Couscous, Bulgur und Graupen
- Haferflocken
- Kerne und Samen: Sesam-, Hanf- und Leinsamen, Kürbis-, Pinien- und Sonnenblumenkerne
- getrocknete Früchte: Rosinen, Aprikosen, Pflaumen
- Nüsse: Mandeln, Walnüsse und Haselnüsse

TIEFKÜHLFACH

- Erbsen
- Sojabohnen
- Saubohnen
- Spinat
- Mais

ACHTEN SIE AUF DIE ZUTATENLISTE

„Light" oder „Diät ..." muss nicht immer leicht sein. Light kann bedeuten weniger Fett, weniger Zucker, weniger Alkohol oder weniger Koffein. Light heißt nicht automatisch weniger Kalorien. Viele Produkte enthalten zwar weniger Fett, gleichzeitig kann der Zucker- und Kaloriengehalt aber sehr hoch sein, um den Geschmack zu erhalten. Fettreduzierte Lebensmittel enthalten zudem häufig mehr Salz, weil sonst der Geschmack verloren geht.

TIPPS FÜR DIE KÜCHE

- Wir empfehlen Ihnen die Anschaffung einer feinen Reibe.
- Schneiden Sie das Fleisch stets dünn.
- Gewöhnen Sie sich an kleinere Teller. So bleibt Sie Portionsgröße überschaubar.
- Benutzen Sie oft wie möglich eine beschichtete Pfanne.

BUTTER

Wir verwenden in unseren Rezepten ab und zu Butter. Wenn Sie daneben reichlich Fette mit ungesättigten Fettsäuren wie Rapsöl und Olivenöl nutzen, werden Ihnen ein paar Butterflöckchen nicht schaden. Sollte Ihnen Butter einfach nicht schmecken, tauschen Sie sie gegen die gleiche Menge Öl aus!

BROT

Egal ob Weißbrot, Schwarzbrot oder Vollkornbrot, Brot enthält reichlich Salz. Backen Sie so oft wie möglich Ihr Brot selbst und tauschen Sie Salz gegen andere Gewürze aus.

ZU DEN WOCHENPLÄNEN

Um Ihnen das Abnehmen leichter zu machen, haben wir für Sie einen Wochenplan mit jeweils sechs Mahlzeiten pro Tag zusammengestellt (wenn nicht anders angegeben pro Mahzeit 1 Portion). Damit können Sie ein halbes bis ein Kilogramm abnehmen. Bei vielen Menschen kommt die Fettverbrennung besser in Gang, wenn sie nur drei Mahlzeiten am Tag zu sich nehmen. Je nach Hunger und Appetit verzichten Sie auf die Zwischenmahlzeiten oder integrieren Sie unsere Vorschläge in die Hauptmahlzeiten. Essen Sie, auch wenn Sie Ihr Wunschgewicht erreicht haben, weiterhin regelmäßig. Eine Anregung dafür, wie Sie Ihr neues Gewicht halten können, finden Sie in unserem zweiten Wochenplan. Unsere Mahlzeitenpläne basieren auf einer täglichen Kalorienzufuhr von 1500 kcal während der Abnehmphase und 2000 kcal während der Gewichtsstabilisierungsphase.

TIPPS

1. Stellen Sie rechtzeitig die Zutaten für die Mahlzeiten einer Woche zusammen.
2. Natürlich sollen Sie nicht jede Woche das Gleiche essen. Betrachten Sie unseren Wochenplan als Beispiel. Tauschen Sie die Mahlzeiten untereinander aus oder ersetzen Sie sie durch andere leckere Vorschläge aus diesem Buch.
3. Die Rezepte zum Gewicht halten sind besonders kenntlich gemacht. Sie enthalten mehr Kalorien.
4. Um den Bedarf an Calcium zu decken, empfehlen Ernährungsexperten drei Portionen calciumreiche Lebensmittel am Tag. Diese Empfehlung haben wir in unseren Rezepten berücksichtigt. Wenn Sie Snacks oder Desserts gegen fettarmen Joghurt oder eine große Tasse Milchkaffee austauschen, erreichen Sie die empfohlene Menge Calcium (Erwachsene 1000 Milligramm pro Tag) schneller. Die in den Tagesplänen extra empfohlene Milchmenge sollten Sie zusätzlich trinken.
5. Wenn Ihnen die empfohlenen Portionsgrößen nicht ausreichen, vergrößern Sie den Gemüseanteil oder essen Sie zusätzlich einen Rohkostsalat. Bei Hülsenfrüchten oder Wurzelgemüse sollten Sie sich an die in den Rezepten angegebenen Mengen halten. Als Getränk empfehlen wir Ihnen Wasser, Mineralwasser oder Schorlen, Kaffee, Tee, zuckerfreie oder mit Süßstoff gesüßte Softdrinks, Milch-Mixgetränke sind nur im Rahmen der empfohlenen Milchmenge erlaubt.
6. Alkoholische Getränke sind in unseren Tagesplänen enthalten. Alkohol hat viele Kalorien und stoppt die Fettverbrennung im Körper. Trinken Sie deshalb nicht mehr, als in unseren Wochenplänen empfohlen wird. Alkohol senkt je nach Art des Getränkes und dem enthaltenen Zucker den Blutzuckerspiegel. Diabetiker, die zur Senkung des Blutzuckers mit Medikamenten (Insulin oder Tabletten) behandelt werden, sollten nur mit Zustimmung des Arztes Alkohol trinken.

ZUM ABNEHMEN

MONTAG

Frühstück
Orientalische Eier (S. 47)

Vormittags-Snack
Dill-Buttermilch-Brötchen (S. 66)

Mittagessen
Wrap mit Bohnen und Salat (S. 94)

Dessert
Mango-Dessert (S. 140)

Nachmittags-Snack
Weiche Haselnusskekse (S. 58) und 150 ml Milch (1,5 % Fett)

Abendessen
Asiatische Kalbsleber mit Gewürzen (S. 126)

Dessert
Geeister Beerenquark (S. 133)

Zur Nacht
Heiße Schokolade (S. 73)

Milch
300 ml Magermilch (max. 0,5 % Fett) oder 200 ml fettarme Milch (1,5 % Fett)

kein Alkohol

DIENSTAG

Frühstück
Haferbrei mit Banane und Zimt (S. 44) dazu frisches Obst

Vormittags-Snack
1 Scheibe Aprikosenbrot (S. 68)

Mittagessen
Kedgeree mit geräucherter Forelle (S. 83)

Dessert
200 g gemischte Beeren mit 150 g fettarmem Naturjoghurt

Nachmittags-Snack
Würzige Kernmischung (S. 61) und 200 g Fromage frais oder Quark (0 % Fett)

Abendessen
Steak mit Bohnen (S. 106)

Dessert
Kürbiskuchen-Soufflés (S. 130)

Milch
300 ml Magermilch (max. 0,5 % Fett) oder 200 ml fettarme Milch (1,5 % Fett)

kein Alkohol

MITTWOCH

Frühstück
Taboulé mit Früchten (S. 44)

Vormittags-Snack
Chili-Bohnen-Aufstrich (S. 67) mit Selleriestange

Mittagessen
Gemüse-Linsen-Suppe (S. 76)

Dessert
Afghanisches Milchgelee (S. 133)

Nachmittags-Snack
2 Haferkekse (S. 61)

Abendessen
Kabeljau mit dicken Bohnen und Chorizo (S. 105)

Dessert
Ofenpfirsiche mit Heidelbeeren (S. 138)

Zur Nacht
Heiße Schokolade (S. 73)

Milch
300 ml Magermilch (max. 0,5 % Fett) oder 200 ml fettarme Milch (1,5 % Fett)

kein Alkohol

DONNERSTAG

Frühstück
Beerenjoghurt (S. 49)

Vormittags-Snack
1 Portion Backpflaumen-Haselnuss-Rolle (S. 65)

Mittagessen
Rote-Bete-Kartoffel-Salat (S. 83)

Dessert
150 g fettarmer Naturjoghurt und 1 Birne

Nachmittags-Snack
4 Kernige Cracker (S. 62)

Abendessen
Lammeintopf mit weißen Bohnen (S. 109)

Dessert
Sommerbeerengelee (S. 130)

Milch
300 ml Magermilch (max. 0,5 % Fett) oder 200 ml fettarme Milch (1,5 % Fett)

kein Alkohol

FREITAG

Frühstück
Bananen-Erdbeer-Smoothie (S. 48)

Vormittags-Snack
2 Weiche Haselnusskekse (S. 58)

Mittagessen
Gemüsesuppe mit Stücken (S. 79)

Dessert
Erdbeeren auf Filoteig (S. 137)

Nachmittags-Snack
2 Knusprige Haferkekse (S. 58) und ein Milchgetränk aus 150 ml fettarmer Milch

Abendessen
Reisnudeln mit Hühnchen, Garnelen und Tintenfisch (S. 121)

Dessert
Papaya-Limetten-Sorbet (S. 133)

Zur Nacht
Heiße Schokolade (S. 73)

Milch
300 ml Magermilch (max. 0,5 % Fett) oder 200 ml fettarme Milch (1,5 % Fett)

Alkohol
175 ml Wein mit Mineralwasser

SAMSTAG

Frühstück
Beerenjoghurt (S. 49)

Vormittags-Snack
½ Banane

Mittagessen
Indonesisches Garnelencurry (S. 88)

Dessert
Gegrillte Ananas mit Granatapfelsalsa (S. 134)

Nachmittags-Snack
Kernmischung (S. 61) und 150 g fettarmen Naturjoghurt

Abendessen
Spaghetti mit Zucchini, Ricotta, Basilikum und Zitrone (S. 101)

Dessert
Pflaumenkompott (S. 138)

Milch
300 ml Magermilch (max. 0,5 % Fett) oder 200 ml fettarme Milch (1,5 % Fett)

Alkohol
2,5 cl einer Spirituose mit einem kalorienreduzierten Getränk zum Mixen

SONNTAG

Frühstück
Würzige Tomaten-Bacon-Toasts (S. 50) und frisches Obst

Vormittags-Snack
Warmes Popcorn (S. 70)

Mittagessen
Schmorbraten (S. 124)

Dessert
Basmati-Milchreis mit Aprikosen (S. 140)

Nachmittags-Snack
1 Scheibe Aprikosenbrot (S. 68)

Abendessen
Panzanella-Salat (S. 79)

Dessert
Geeister Beerenquark (S. 133)

Zur Nacht
Heiße Schokolade (S. 73)

Milch
300 ml Magermilch (max. 0,5 % Fett) oder 200 ml fettarme Milch (1,5 % Fett)

Alkohol
175 ml Wein mit Mineralwasser

ZUM GEWICHT HALTEN

MONTAG	DIENSTAG	MITTWOCH
Frühstück Tomaten mit Feldchampignons und Kichererbsen (S. 53)	**Frühstück** Früchtebrot (S. 50) mit frischem Obst	**Frühstück** Quinoa mit Südfrüchten (S. 48) und 1 Scheibe Hafer-Leinsamen-Brot mit Soja (S. 49)
Vormittags-Snack Korianderdip (S. 67) mit Gemüsesticks	**Vormittags-Snack** Dattel-Rhabarber-Biskuit (S. 68)	**Vormittags-Snack** Frischkäse-Orangen-Dip (S. 65)
Mittagessen Sättigende Tomatensuppe (S. 95)	**Mittagessen** Ofenkartoffeln mit würziger Bohnenfüllung (S. 89)	**Mittagessen** Asiatische Fleischbällchen in roher Tomatensauce (S. 127)
Dessert Mango-Dessert (S. 140)	**Dessert** Würzige Kernmischung (S. 61) mit 150 g Fromage frais (0 % Fett)	**Dessert** Frische Feigen mit gratiniertem Rosenwasserschaum (S. 137)
Nachmittags-Snack 1 Scheibe Bananenbrot (S. 73)	**Nachmittags-Snack** Geröstete Sojabohnen (S. 70) und 1 Glas Saft	**Nachmittags-Snack** Dattel-Tahini-Dip (S. 65)
Abendessen Thunfischsalat mit Grapefruit und Avocado (S. 114)	**Abendessen** Tomaten-Smoothie (S. 61) und Penne mit Artischocken und Rucolapesto (S. 100)	**Abendessen** Avocado-Dip mit Pita-Chips (S. 90)
Dessert Basmati-Milchreis mit Aprikosen (S. 140)	**Dessert** Birnen im Schlafrock (S. 134)	**Dessert** Erdbeeren auf Filoteig (S. 137)
Zur Nacht Heiße Schokolade (S. 73)	**Zur Nacht** Heiße Schokolade (S. 73)	**Zur Nacht** 2 Kernige Cracker (S. 62) und Heiße Schokolade (S. 73)
Milch 300 ml Magermilch (max. 0,5 % Fett) oder 200 ml fettarme Milch (1,5 % Fett)	**Milch** 300 ml Magermilch (max. 0,5 % Fett) oder 200 ml fettarme Milch (1,5 % Fett)	**Milch** 300 ml Magermilch (max. 0,5 % Fett) oder 200 ml fettarme Milch (1,5 % Fett)
Alkohol 2 Einheiten	**kein Alkohol**	**Alkohol** 2 Einheiten

DONNERSTAG

Frühstück
Beerenjoghurt (S. 49) und Hafer-Leinsamen-Brot mit Soja (S. 49)

Vormittags-Snack
Garnelen mit Kräuterdip (S. 66)

Mittagessen
Forelle in Kartoffel-Artischocken-Eintopf (S. 113)

Dessert
Schoko-Espresso-Töpfchen (S. 140)

Nachmittags-Snack
Linsenriegel mit Gurken-Minz-Joghurt (S. 71)

Abendessen
Getreidesalat mit Kräutern (S. 93)

Dessert
150 g Heidelbeeren mit Fromage frais oder Quark (0 % Fett)

Abend-Snack
2 Portionen Würzige Kernmischung (S. 61)

Milch
300 ml Magermilch (max. 0,5 % Fett) oder 200 ml fettarme Milch (1,5 % Fett)

Alkohol
2 Einheiten

FREITAG

Frühstück
Mediterrane Frühstücksplatte (S. 54)

Vormittags-Snack
Würzige Kernmischung (S. 61)

Mittagessen
Asiatische Hühnchenrollen (S. 95)

Dessert
Pflaumenkompott (S. 138)

Nachmittags-Snack
Backpflaumen-Haselnuss-Rolle (S. 65)

Abendessen
Pochierter Lachs mit Tahinisauce und Auberginensalat (S. 116)

Dessert
Basmati-Milchreis mit Aprikosen (S. 140)

Abend-Snack
2 Knusprige Haferkekse (S. 58)

Milch
300 ml Magermilch (max. 0,5 % Fett) oder 200 ml fettarme Milch (1,5 % Fett)

Alkohol
2 Einheiten

SAMSTAG

Frühstück
Eier mit grünem Spargel (S. 53)

Vormittags-Snack
1 Scheibe Aprikosenbrot (S. 68)

Mittagessen
Gegrillte Hähnchenbrust mit Spinat und Linsen (S. 118)

Dessert
Apfel-Galette (S. 138)

Nachmittags-Snack
Würzige Kernmischung (S. 61) und 150 g fettarmer Naturjoghurt

Abendessen
Blumenkohl mit Käsesauce überbacken (S. 90)

Dessert
Afghanische Milchgelees (S. 133)

Abend-Snack
2 Weiche Haselnusskekse (S. 58)

Milch
300 ml Magermilch (max. 0,5 % Fett) oder 200 ml fettarme Milch (1,5 % Fett)

Alkohol
2 Einheiten

SONNTAG

Frühstück
Brot mit Pilzen (S. 54) und frischem Obst

Vormittags-Snack
Würzige Kernmischung (S. 61) und 150 g fettarmer Naturjoghurt

Mittagessen
Rehschnitzel auf jungem Grünkohl mit Brombeersauce (S. 122)

Dessert
Ofenpfirsiche mit Heidelbeeren (S. 138)

Nachmittags-Snack
Backpflaumen-Haselnuss-Rolle (S. 65) und 1 Glas Saft

Abendessen
Brotpizzen mit Tomaten (S. 93)

Dessert
Frische Feigen mit gratiniertem Rosenwasserschaum (S. 137)

Zur Nacht
Heiße Schokolade (S. 73)

Milch
300 ml Magermilch (max. 0,5 % Fett) oder 200 ml fettarme Milch (1,5 % Fett)

kein Alkohol

Frühstück

Mit der ersten Mahlzeit des Tages legen Sie den Grundstein für eine gesunde Ernährung. Viele unserer Rezepte sind reich an Obst und Gemüse, so können Sie schon zum Frühstück einen großen Teil der empfohlenen Menge zu sich nehmen.
Das Hafer-Leinsamen-Brot aus diesem Kapitel wird Ihnen im gesamten Buch begegnen, am besten schmeckt es, wie auf dem Bild, frisch getoastet!

Haferbrei mit Banane und Zimt

Reste dieses Frühstücksklassikers können im Kühlschrank 1–2 Tage aufbewahrt werden. Mit ein wenig zusätzlichem Wasser kann man sie in Mikrowelle oder auf dem Herd wieder aufwärmen.

FÜR 6 PORTIONEN

- 200 g zarte Haferflocken mit Kleie
- ½ TL gemahlener Zimt
- 4 mittelgroße Bananen
- 2 EL flüssiger Honig
- 300 g Erdbeeren, geputzt und halbiert

1 In einem großen Topf 1 l Wasser aufkochen und die Haferflocken unter ständigem Rühren einrieseln lassen. Den Zimt unterrühren, aufkochen und etwa 10 Minuten sanft köcheln lassen. Gelegentlich umrühren.

2 Nach Wunsch für einen weicheren Brei noch etwas mehr Wasser hinzufügen. Drei der Bananen mit der Gabel zerdrücken und unterrühren.

3 Den Haferbrei vom Herd nehmen und den Honig dazugeben. Die vierte Banane in Scheiben schneiden und mit den Erdbeeren mischen. Den Haferbrei in Schälchen geben und sofort mit dem Obst servieren.

PRO PORTION: 221 kcal; 2,6 g Fett; 0,5 g gesättigte Fettsäuren; 45 g Kohlenhydrate; 3,8 BE; 4,5 KHE; 0,01 g Natrium

Taboulé mit Früchten ▸

Taboulé wird aus Bulgur oder Couscous hergestellt und ist normalerweise ein herzhafter Salat mit viel Petersilie, Minze, Knoblauch und Tomaten. Dieses Rezept gibt Ihnen eine gesunde süße Alternative! Abgedeckt ist es im Kühlschrank 3–4 Tage haltbar.

FÜR 4 PORTIONEN

- 25 g feiner Rohzucker
- 4 Kardamomkapseln, grob zerstoßen
- 1 Bd. Minze (ca. 20 g)
- Fruchtfleisch von 4 reifen Passionsfrüchten
- fein abgeriebene Schale und Saft von 2 unbehandelten Limetten
- 150 g Bulgur
- 175 g Ananas, gewürfelt
- 1 Kiwi, gewürfelt
- 1 Granatapfel, geschält und die Kerne voneinander getrennt
- 1 kleine Banane, in dünnen Scheiben
- 1 Papaya, entkernt und gewürfelt

1 Den Zucker mit 300 ml Wasser, Kardamomkapseln, der Hälfte der Minze, Passionsfrüchten und Limettenschale in einen Topf geben. Langsam aufkochen und 5 Minuten sanft köcheln lassen.

2 Bulgur in eine große Schüssel geben und den Sirup durch ein Sieb darübergießen. Die Reste im Sieb gut ausdrücken. Bulgur abdecken und etwa 1 Stunde ziehen lassen, bis er aufgequollen ist und die Flüssigkeit aufgenommen hat.

3 Die restlichen Minzblätter von den Stielen entfernen und fein hacken, mit dem Limettensaft und sämtlichen Früchten unter den Bulgur heben. Abdecken und wenn möglich 1 weitere Stunde ziehen lassen, damit sich die Aromen entfalten können.

PRO PORTION: 249 kcal; 1 g Fett; 0,1 g gesättigte Fettsäuren; 58 g Kohlenhydrate; 4,8 BE; 5,8 KHE; 0,01 g Natrium

◂ Zitrusfruchtsalat

Gojibeeren sind ovale, rote Früchte des Gemeinen Bocksdorns und kommen vorwiegend aus dem asiatischen Raum. Bei uns sind sie in der getrockneten Variante in Naturkostläden erhältlich.

FÜR 2 PORTIONEN

- 2 rosa oder rote Grapefruits
- 2 Orangen
- 4 Clementinen
- 2 EL getrocknete Gojibeeren oder Sultaninen
- 300 g fettarmer Naturjoghurt

1 Grapefruits und Orangen mit einem kleinen gezahnten Messer so abschälen, dass die weiße Haut vollständig entfernt wird. Eventuell vorhandenen Saft aus den abgeschnittenen Schalen pressen und aufbewahren.

2 Die Fruchtsegmente vorsichtig aus den trennenden Innenhäuten herausschneiden. Alle Reste ebenfalls ausdrücken und den Saft auffangen. Clementinen schälen und in dünne Scheiben schneiden.

3 Alle Früchte mit dem aufgefangenen Saft und Gojibeeren oder Sultaninen vermengen und mit Joghurt servieren.

PRO PORTION: 237 kcal; 2 g Fett; 1 g ungesättigte Fettsäuren; 47 g Kohlenhydrate; 3,9 BE; 4,7 KHE; 0,13 g Natrium

Orientalische Eier

Ein etwas ungewöhnlicheres Frühstück, das einfach zuzubereiten ist. Da dieses Rezept wenig Kohlenhydrate enthält, müssen Sie je nach Insulintherapie unter Umständen als Zwischenmahlzeit einen kohlenhydratreichen Snack zu sich nehmen – ein Buttermilch-Dill-Brötchen (s. S. 66) oder eine Scheibe Körnerbrot mit ein wenig Konfitüre.

FÜR 4 PORTIONEN

- 1 TL Rapsöl
- 1 TL Sesamöl
- ½ rote Paprika, in 1 cm große Würfel geschnitten
- 2 Frühlingszwiebeln, in Ringe geschnitten
- 50 g kleine Champignons, geviertelt
- 25 g Sojasprossen
- 6 mittelgroße Eier
- 2 TL Fischsauce
- 1 TL salzreduzierte Sojasauce
- 4 Scheiben Hafer-Leinsamen-Brot, getoastet (s. S. 49)
- gemahlener weißer Pfeffer

1 Die beiden Öle in einer Pfanne oder im Wok erhitzen und Paprikawürfel, Frühlingszwiebeln und Pilze etwa 2 Minuten bei mittlerer Hitze anbraten. Sojasprossen waschen, trocken tupfen, dazugeben und 1 Minute weiterbraten.

2 Die Eier mit Fischsauce, Sojasauce und etwas Pfeffer verquirlen. Über das Gemüse gießen und wie Rührei gelegentlich vom Boden kratzen, bis die gewünschte Konsistenz erreicht ist. Sofort mit dem Brot servieren.

PRO PORTION: 245 kcal; 13 g Fett; 3 g ungesättigte Fettsäuren; 18 g Kohlenhydrate; 1,5 BE; 1,8 KHE; 0,66 g Natrium

▲ Bananen-Erdbeer-Smoothie

Versuchen Sie Erdbeeren immer nur saisonal und aus Ihrer Region zu verwenden – so haben die Beeren viel mehr Aroma.

FÜR 2 PORTIONEN

- 2 große Bananen
- 100 g Erdbeeren, geputzt
- 2 EL fettarmer Naturjoghurt
- 200 ml fettarme Milch
- 1 EL flüssiger Honig
- 1 EL Weizenkeime
- 12 Eiswürfel

Alle Zutaten in die Küchenmaschine geben, fein pürieren und sofort servieren.

PRO PORTION: 228 kcal; 3 g Fett; 1 g ungesättigte Fettsäuren; 46 g Kohlenhydrate; 3,8 BE; 4,6 KHE; 0,06 g Natrium

Quinoa mit Südfrüchten

Quinoa war eines der wichtigsten Nahrungsmittel der Inka und wird deshalb auch Inkareis oder Inkakorn genannt. Die Samen ähneln Getreide, sind es aber eigentlich nicht. Sie werden in süßen und herzhaften Gerichten verwendet. Dieses Gericht kann 2–3 Tage im Kühlschrank aufbewahrt werden.

FÜR 4 PORTIONEN

- 125 g Quinoa
- 250 g fettarmer Naturjoghurt
- 150 ml fettarme Milch
- 1 EL flüssiger Honig
- 1 große Papaya
- 1 große Mango
- 4 Passionsfrüchte

1 Quinoa in einem Sieb unter kaltem fließenden Wasser gut waschen, dann mit 300 ml kochendem Wasser in einen mittelgroßen Topf geben. Abdecken und 10 Minuten köcheln lassen. Vom Herd nehmen und kalt werden lassen.
2 Quinoa in eine Schüssel geben und die Körner mit einer Gabel auflockern. Joghurt, Milch und Honig unterrühren.
3 Papaya und Mango schälen, entkernen und in mundgerechte Stücke schneiden. Die Passionsfrüchte halbieren und Kerne und Fruchtfleisch mit dem restlichen Obst vermischen. Quinoa in Schüsseln füllen und mit dem Obst servieren.

PRO PORTION: 228 kcal; 3 g Fett; 1 g ungesättigte Fettsäuren; 44 g Kohlenhydrate; 3,7 BE; 4,4 KHE; 0,09 g Natrium

Hafer-Leinsamen-Brot mit Soja

Dieses feste Brot hat einen hohen Haferanteil und geht deshalb nicht sehr stark auf. Es lässt sich gut einfrieren, aber man sollte es vorher in Scheiben schneiden.

- 200 g zarte Haferflocken
- 50 g Sojamehl
- 250 g Weizenvollkornmehl
- 1 Pck. Trockenhefe
- 1 TL Salz
- 2 EL Leinsamen
- 1 Rapsöl zum Einfetten einer Kastenform mit 900 g Fassungsvermögen

1 Die Haferflocken mit 200 ml kaltem Wasser in eine Schüssel geben, abdecken und mindestens 2 Stunden einweichen.
2 Etwa 150 ml warmes Wasser zu den eingeweichten Haferflocken geben und mit den restlichen Zutaten zu einem festen, nicht mehr klebrigen Teig vermischen. Auf einer leicht bemehlten Oberfläche 2 Minuten kneten. Zu einer Rolle formen, in die gefettete Kastenform legen und gut in die Form drücken.
3 In eine große Plastiktüte geben, wobei das Plastik den Teig nicht berühren sollte, und an einem warmen Ort 2–3 Stunden gehen lassen. Wenn der Teig den oberen Rand der Form erreicht hat und in der Mitte etwas höher ist, ist er bereit zum Backen.
4 Den Backofen auf 220 °C vorheizen und etwa 45 Minuten backen, bis das Brot gut aufgegangen und fest ist und sich hohl anhört, wenn man gegen den Boden klopft. Auf einem Rost abkühlen lassen.

PRO SCHEIBE: 105 kcal; 2 g Fett; 0,3 g ungesättigte Fettsäuren; 17 g Kohlenhydrate; 1,4 BE; 1,7 KHE; 0,11 g Natrium

Beerenjoghurt

Ganze Weizen- oder Dinkelkörner sind in Naturkostläden erhältlich. Sie werden über Nacht in Wasser eingeweicht, dann in frischem Wasser 30–35 Minuten weich gekocht und anschließend abgegossen. Sie lassen sich in Salaten oder wie hier als fruchtiges Frühstück servieren.

FÜR 2 PERSONEN

- Mark von ½ Vanilleschote
- 300 g griechischer Joghurt mit 0 % Fett
- 2 Äpfel
- 250 g Brombeeren
- 50 g gekochte Weizen- oder Dinkelkörner

Das Vanillemark mit dem Joghurt vermischen. Äpfel entkernen und reiben, mit den Brombeeren und dem gekochten Getreide unter den Joghurt heben und servieren.

PRO PORTION: 251 kcal; 1 g Fett; 0,1 g ungesättigte Fettsäuren; 44 g Kohlenhydrate; 3,7 BE; 4,4 KHE; 0,12 g Natrium

GEWICHT HALTEN

Früchtebrot

Perfekt für ein schnelles Frühstück. Wenn Sie Schwierigkeiten haben, sich an kleine Portionsgrößen zu halten, frieren Sie den Rest des Brotes am besten sofort portionsweise ein!

FÜR 6 PERSONEN

- 50 g getrocknete Datteln, gehackt
- 1 Ei
- 4 EL fettarme Milch
- 75 g Weizenvollkornmehl
- 2 TL Backpulver
- 2 TL Lebkuchengewürzmischung
- 50 g getrocknete Aprikosen, gehackt
- 50 g Walnüsse, gehackt
- 25 g Sonnenblumenkerne
- je 25 g Zitronat und Orangeat
- 900 g fettarmer Naturjoghurt
- 6 kleine Äpfel

1 Den Backofen auf 180 °C vorheizen. Eine Kastenform (450 g Fassungsvermögen) mit Backpapier auslegen.

2 Die Datteln mit 4 EL Wasser in einen kleinen Topf geben und 5 Minuten weich dünsten, anschließend abkühlen lassen. Ei und Milch verquirlen und mit dem Dattelpüree vermengen.

3 Mehl, Backpulver und Lebkuchengewürz in einer großen Schüssel mischen, Aprikosen, Walnüsse, Sonnenblumenkerne, Zitronat, Orangeat und die Dattel-Milch-Mischung unterrühren.

4 Den Teig in die Form geben, glatt streichen und im Ofen ca. 35 Minuten backen, bis das Brot aufgegangen ist und sich fest anfühlt. Leicht abkühlen lassen, aus der Form nehmen und auf einem Rost komplett erkalten lassen. In sechs dicke Scheiben schneiden und je eine Scheibe mit etwas Joghurt und einem Apfel servieren.

PRO PORTION: 332 kcal; 11 g Fett; 2 g ungesättigte Fettsäuren; 47 g Kohlenhydrate; 3,9 BE; 4,7 KHE; 0,37 g Natrium

Würzige Tomaten-Bacon-Toasts ▸

Genießen Sie diese leckeren Tomaten als besonderes Frühstück. Dazu passt ein großes Glas frisch gepresster Orangensaft.

FÜR 4 PERSONEN

- 8 reife Eiertomaten, längs halbiert
- 1 TL Rohrohrzucker
- 2 TL mildes oder mittelscharfes Currypulver
- ¼ TL gemahlener schwarzer Pfeffer
- 2 TL Olivenöl
- 4 Scheiben Bacon mit wenig Fett, fein gewürfelt
- 4 Scheiben Hafer-Leinsamen-Brot, getoastet (s. S. 49)

1 Den Ofengrill vorheizen. Die Tomatenhälften mit der Schnittseite nach oben auf ein Backblech setzen. Zucker, Currypulver und Pfeffer mischen und über die Tomaten streuen.

2 Jede Tomate mit ein paar Tropfen Öl beträufeln und 8–10 Minuten grillen, bis sie weich, aber noch nicht zusammengefallen sind.

3 Den gewürfelten Bacon über die Tomaten streuen und weitere 2–3 Minuten grillen. Vier halbe Tomaten auf jede Scheibe Brot legen und sofort servieren.

PRO PORTION: 244 kcal; 6 g Fett; 1 g ungesättigte Fettsäuren; 37 g Kohlenhydrate; 3,1 BE; 3,7 KHE; 0,56 g Natrium

GEWICHT HALTEN

◂ Eier mit grünem Spargel

Dieses ungewöhnliche Frühstück ist nicht für alle Tage, denn es hat mehr Kalorien als die anderen Rezepte dieses Kapitels. Aber es ist einfach perfekt für besondere Gelegenheiten!

FÜR 1 PERSON

- 250 g grüner Spargel
- 2 mittelgroße Eier
- 2 Scheiben Hafer-Leinsamen-Brot (s. S. 49)
- frisch gemahlener schwarzer Pfeffer oder geräuchertes Paprikapulver

1 Den Spargel putzen, gegebenenfalls das untere Drittel schälen. Je nach Dicke der Stangen 5–7 Minuten in kochendem Wasser bissfest garen. Gut abtropfen lassen.

2 In der Zwischenzeit die Eier in sanft köchelndem Wasser 3–5 Minuten weich kochen: 3 Minuten ergeben sehr weich gekochte Eier, 4 Minuten relativ festes Eiweiß und sehr flüssiges Eigelb, 5 Minuten festes Eiweiß und an den Rändern fest werdendes Eigelb.

3 Eier und Spargel mit frisch gemahlenem Pfeffer oder geräuchertem Paprikapulver würzen. Dazu in Streifen geschnittenes Brot reichen.

PRO PORTION: 346 kcal; 15 g Fett; 4 g ungesättigte Fettsäuren; 29 g Kohlenhydrate; 2,4 BE; 2,9 KHE; 0,31 g Natrium

GEWICHT HALTEN

Gefüllte Tomaten mit Feldchampignons und Kichererbsen

Dieses Gericht lässt sich gut vorbereiten, erst kurz vor dem Servieren kommt es in den Ofen.

FÜR 2 PERSONEN

- 4 Fleischtomaten
- 1 EL extra natives Olivenöl
- 1 Knoblauchzehe, fein gehackt
- ½ kleine Zwiebel, fein gehackt
- 250 g Feldchampignons, grob gehackt
- 4 EL Kichererbsen aus der Dose, abgetropft
- 1 TL fein gehackte Thymianblätter
- 2 Scheiben Vollkornbrot, getoastet
- gemahlener schwarzer Pfeffer

1 Von jeder Tomate einen Deckel abschneiden und beiseitelegen. Mit einem Teelöffel, Messer oder Melonenbällchenstecher die Kerne und Mitte der Tomaten herauslöffeln. Dabei aufpassen, dass man die Seiten nicht durchsticht. Die Kerne wegwerfen.

2 Das Olivenöl in einer Pfanne erhitzen, Knoblauch und Zwiebeln darin glasig dünsten. Aus der Pfanne nehmen, bevor sie Farbe annehmen. In derselben Pfanne die Pilze bei großer Hitze braten, bis sie gerade zusammenfallen. Mit Zwiebeln, Knoblauch und Kichererbsen mischen und mit Pfeffer und Thymian würzen.

3 Den Backofen auf 200 °C vorheizen. Die ausgehöhlten Tomaten mit der Pilzmischung füllen und die Deckel wieder daraufsetzen. Die vier Tomaten in eine Auflaufform geben und im Ofen etwa 15–20 Minuten backen, bis sie weich, aber noch nicht aufgeplatzt sind. Sofort mit dem Brot servieren.

PRO PORTION: 243 kcal; 9 g Fett; 1 g ungesättigte Fettsäuren; 33 g Kohlenhydrate; 2,8 BE; 3,3 KHE; 0,24 g Natrium

GEWICHT HALTEN

Brot mit Pilzen

Dieses Gericht eignet sich hervorragend für Frühstück oder Brunch. Die Aromen von Pilzen, Pak Choi und Soja ergänzen sich wunderbar.

FÜR 2 PERSONEN

- 1 TL Sesamöl
- 1 Knoblauchzehe, zerdrückt
- 1 grüne Chilischote, entkernt und fein gehackt
- 3 cm frischer Ingwer, geschält und gerieben
- 350 g kleine Champignons, halbiert
- 1 EL salzreduzierte Sojasauce
- 1 TL flüssiger Honig
- 2 Köpfe Pak Choi, in Streifen geschnitten
- 4 Frühlingszwiebeln, in Ringe geschnitten
- 1 EL Sesam
- 4 Scheiben Hafer-Leinsamen-Brot (s. S. 49), getoastet
- gemahlener schwarzer Pfeffer

1. Das Sesamöl in einer großen, beschichteten Pfanne erhitzen. Knoblauch, Chili und Ingwer hineingeben und unter ständigem Rühren 30 Sekunden anbraten.
2. Die Pilze dazugeben und in 2 Minuten golden anbraten, dabei gelegentlich umrühren. Sojasauce, Honig, Pak Choi und Frühlingszwiebeln dazugeben und weitere 3 Minuten unter gelegentlichem Rühren dünsten.
3. Gegebenenfalls 1 EL Wasser dazugeben. Sesam unterrühren und mit schwarzem Pfeffer würzen. Sofort mit dem Brot servieren.

PRO PORTION: 330 kcal; 11 g Fett; 2 g ungesättigte Fettsäuren; 43 g Kohlenhydrate; 3,6 BE; 4,3 KHE; 0,80 g Natrium

GEWICHT HALTEN

Mediterrane Frühstücksplatte ▸

Dieses Gericht finden Sie in weiten Teilen des südlichen Mittelmeerraums auf den Frühstücksmenüs. Die Tomaten sollten reif sein und nicht im Kühlschrank gelagert werden.

FÜR 3 PERSONEN

- 4 große reife Tomaten, in Spalten geschnitten
- 200 g Gurke, in Stücke geschnitten
- 150 g fettarmer Feta, in dünne Scheiben geschnitten
- 9 schwarze Oliven
- 2 TL Olivenöl
- 6 Scheiben Hafer-Leinsamen-Brot (s. S. 49)
- frisch gehackter Majoran, frisch gemahlener schwarzer Pfeffer

Tomaten, Gurke, Käse und Oliven auf drei Tellern anrichten. Mit Olivenöl beträufeln, mit Majoran und Pfeffer bestreuen und mit Brot servieren.

PRO PORTION: 355 kcal; 13 g Fett; 4 g ungesättigte Fettsäuren; 41 g Kohlenhydrate; 3,4 BE; 4,1 KHE; 1,04 g Natrium

Snacks

Diese Köstlichkeiten überbrücken die Zeit zwischen zwei Mahlzeiten. Ob knusprige Kekse, saftiges Früchtebrot oder herzhafte Dips – hier ist für jede Stimmung etwas dabei. Bereiten Sie am besten gleich mehrere dieser Snacks zu und frieren Sie sie portionsweise ein, so werden Sie nicht in Versuchung geführt, gleich alles auf einmal aufzuessen.

Weiche Haselnusskekse

Diese köstlichen Kekse passen gut zu Tee oder Kaffee.

FÜR 12 KEKSE

- 100 g Haselnüsse
- 40 g feiner Rohzucker
- ½ TL Vanilleextrakt
- 2 Eiweiß

1 Den Backofen auf 180 °C vorheizen. Die Haselnüsse auf ein Blech geben und in etwa 15 Minuten goldbraun backen. Herausnehmen und die Ofentemperatur auf 200 °C erhöhen. Ein Backblech mit Backpapier auslegen.

2 Nüsse und Zucker in der Küchenmaschine fein zermahlen, Vanilleextrakt und ein Eiweiß dazugeben und zu einer Paste verarbeiten. Das zweite Eiweiß zu Eischnee schlagen und vorsichtig unter die Nussmischung heben.

3 Zwölf Kleckse mit Abstand auf das Blech setzen und ein wenig verstreichen. Im Ofen 10–15 Minuten goldbraun backen. Auf dem Blech zunächst etwas abkühlen, dann auf einem Rost vollständig erkalten lassen. In einem luftdichten Behälter aufbewahren oder einfrieren.

ZWEI KEKSE: 140 kcal; 10 g Fett; 0,8 g gesättigte Fettsäuren; 8 g Kohlenhydrate; 0,7 BE; 0,8 KHE; 0,02 g Natrium

Knusprige Haferkekse ▸

Diese Kekse sind unwiderstehlich, man bewahrt sie deshalb am besten im Gefrierfach auf. So kann man immer EINEN als Snack am späten Morgen oder Nachmittag herausnehmen.

FÜR 12 KEKSE

- 90 g zarte Haferflocken
- 75 g Rohrohrzucker
- 2 EL Weizenvollkornmehl
- 2 Eiweiß, leicht verquirlt
- 2 EL Butter, geschmolzen

1 Den Backofen auf 190 °C vorheizen. Ein großes Backblech mit Backpapier auslegen. Alle Zutaten gut vermischen und in zwölf Portionen mit viel Abstand auf dem Blech verteilen.

2 Mit einer Gabel zu Kreisen von je 8–9 cm Durchmesser verstreichen. Im Ofen in 15–20 Minuten goldbraun backen.

3 Auf dem Blech zunächst leicht abkühlen, dann auf einem Rost kalt und knusprig werden lassen. In einem luftdichten Behälter aufbewahren oder einfrieren.

PRO KEKS: 81 kcal; 3 g Fett; 1 g gesättigte Fettsäuren; 13 g Kohlenhydrate; 1,1 BE; 1,3 KHE; 0,01 g Natrium

◂ Würzige Kernmischung

Eine Portion knackige Kerne und dazu ein Glas Wasser: ein wahres Wunder gegen Heißhungerattacken. Füllen Sie die Portionen einzeln ab, damit Sie nicht zu viel davon essen.

FÜR 12 PORTIONEN

- 75 g Kürbiskerne
- 75 g Sonnenblumenkerne
- 1 TL salzreduzierte Sojasauce
- ¼ TL Chilipulver

1 Den Backofen auf 190 °C vorheizen. Alle Zutaten vermischen und auf einem mit Backpapier ausgelegten Backblech verstreichen.
2 Etwa 10 Minuten backen, bis die Mischung trocken und ganz leicht gebräunt ist. Abkühlen lassen und in einem luftdichten Behälter entweder im Kühlschrank oder im Gefrierfach aufbewahren.

PRO PORTION: 72 kcal; 6 g Fett;
1 g gesättigte Fettsäuren; 2 g Kohlenhydrate;
+ BE; + KHE; 0,02 g Natrium

Tomaten-Smoothie

FÜR 2 PERSONEN

- 400 g stückige Tomaten aus der Dose
- 100 g weicher Tofu
- Saft von ½ Limette
- 1 EL Worcestershiresauce
- ½ TL scharfe Chilisauce
- 4 Eiswürfel
- Selleriestange zum Servieren

1 Die Tomaten mit einer halben Dose kaltem Wasser und den restlichen Zutaten in eine Küchenmaschine geben.
2 Glatt pürieren und mit Selleriestangen servieren.

PRO PORTION: 75 kcal; 3 g Fett;
0,3 g gesättigte Fettsäuren; 7 g Kohlenhydrate;
0,6 BE; 0,7 KHE; 0,31 g Natrium

Haferkekse

Diese Kekse lassen sich auch in einer Muffinform backen und jeweils mit einem Klecks Hüttenkäse und Früchten füllen.

FÜR 16 KEKSE

- 100 g Hafermehl
- 100 g Weizenvollkornmehl
- 25 g Rohrohrzucker
- 1 TL Backpulver
- 2 EL Rapsöl
- 4 EL Milch

1 Den Backofen auf 190 °C vorheizen. Hafermehl, Weizenvollkornmehl, Zucker und Backpulver in einer Schüssel mischen und mit Öl und Milch zu einem festen Teig verrühren. Wenn der Teig zu trocken zum Ausrollen ist, einige Tropfen Wasser hinzufügen.
2 Den Teig zwischen zwei Lagen Frischhaltefolie so dünn wie möglich ausrollen. Kreise von 8–9 cm Durchmesser ausstechen und auf ein mit Backpapier ausgelegtes Backblech legen. Teigreste wieder leicht befeuchten und ausrollen.
3 Im Ofen etwa 15 Minuten backen, bis die Kekse hellgolden sind. Auf einem Rost abkühlen lassen und in einem luftdichten Behälter aufbewahren.

ZWEI KEKSE: 150 kcal; 4 g Fett;
0,8 g gesättigte Fettsäuren; 24 g Kohlenhydrate;
2,0 BE; 2,4 KHE; 0,05 g Natrium

Kernige Cracker

Leinsamen, Sesam und Kürbiskerne sind eine gute pflanzliche Quelle für Omega-3-Fettsäuren und enthalten gesundheitsfördernde Phytoöstrogene.

FÜR 30 STÜCK

- 2 EL Kürbiskerne
- 1 EL Sonnenblumenkerne
- 1 EL Leinsamen
- 1 EL Sesamsamen
- 200 g Weizenvollkornmehl
- ½ TL Trockenhefe
- ½ TL Hefeextrakt
- 2 EL fein geriebener Parmesankäse

1 Den Backofen auf 200 °C vorheizen. Ein Backblech leicht einölen. Alle Samen und Kerne gut vermischen. Mehl, Hefe und die Hälfte der Kerne mit 150 ml lauwarmem Wasser zu einem festen Teig verkneten. Zwischen zwei Lagen Backpapier dünn ausrollen (ca. 30 x 20 cm).

2 Hefeextrakt mit 1 TL kochendem Wasser verrühren. Den Teig auf das Blech legen und dünn mit dem Hefeextrakt bestreichen. Die restlichen Kerne darauf verteilen, andrücken und mit dem Käse bestreuen.

3 Etwa 10 Minuten backen, bis der Teig hellgolden wird, dann vorsichtig vom Backblech nehmen. Die Backofentemperatur auf 160 °C reduzieren. Den Teig in 30 Stücke schneiden, zurück auf das Blech geben und nochmals 15–20 Minuten backen, bis die Cracker knusprig und golden sind.

4 Auf einem Rost vollständig abkühlen lassen und in einem luftdichten Behälter aufbewahren.

ZWEI CRACKER: 33 kcal; 1 g Fett; 0,2 g gesättigte Fettsäuren; 5 g Kohlenhydrate; + BE; 0,5 KHE; 0,01 g Natrium

Gegrillte Zucchini mit Limette und Minze ▸

Dieses Rezept schmeckt warm oder kalt und hat nur 40 Kalorien pro Portion.

FÜR 4 PORTIONEN

- 4 große Zucchini
- 4 EL gehackte Minze
- 2 Limetten, halbiert
- ½ TL Olivenöl
- frisch gemahlener schwarzer Pfeffer

1 Die Zucchini putzen und jeweils längs in acht Scheiben schneiden. Eine beschichtete Grillpfanne stark erhitzen. Wenn sie zum Grillen bereit ist, dünn mit Olivenöl einpinseln.

2 Die Zucchini portionsweise in der Pfanne je 2–3 Minuten grillen, bis sie weich sind und Grillmarkierungen haben. Wenden und die andere Seite grillen.

3 Mit Minze und Pfeffer bestreut servieren und die halbierten Limetten dazureichen.

ENTHÄLT PRO PORTION: 40 kcal; 1 g Fett; 0,2 g gesättigte Fettsäuren; 4 g Kohlenhydrate; + BE; + KHE; 0 g Natrium

GEWICHT HALTEN

◀ Backpflaumen-Haselnuss-Rolle

Die Backpflaumen lassen sich auch durch getrocknete Feigen ersetzen. Statt der Haselnüsse schmecken auch Pistazien oder Mandeln. Die Nüsse im Backofen bei 190 °C 15 Minuten rösten. Oder zuerst hacken, dann in einer trockenen Pfanne bei mittlerer Hitze auf dem Herd rösten. Die Rolle hält sich im Kühlschrank etwa 1 Monat.

FÜR 6 PORTIONEN

- 250 g Backpflaumen
- ¼ TL gemahlener Sternanis
- 1 TL feiner Orangenabrieb
- 1 TL Sesam
- 25 g Haselnüsse, geröstet und gehackt

1 Die Backpflaumen grob hacken und mit den restlichen Zutaten gut vermengen. Die Mischung auf ein Stück Frischhaltefolie geben und zu einer Rolle formen. Die Enden der Folie gut verdrehen.
2 Bis zum Bedarf im Kühlschrank aufbewahren. In sechs Portionen teilen und direkt aus dem Kühlschrank servieren.

PRO PORTION: 92 kcal; 3 g Fett;
0,3 g gesättigte Fettsäuren; 15 g Kohlenhydrate;
1,3 BE; 1,5 KHE; 0,01 g Natrium

Variante mit Aprikosen und Pistazien: einfach die Backpflaumen durch getrocknete Aprikosen und die Haselnüsse durch Pistazien ersetzen.

PRO PORTION: 98 kcal; 3 g Fett;
0,3 g gesättigte Fettsäuren; 16 g Kohlenhydrate;
1,3 BE; 1,6 KHE; 0,01 g Natrium

GEWICHT HALTEN

Frischkäse-Orangen-Dip

FÜR 4 PORTIONEN

- 40 g entsteinte getrocknete Datteln
- fein abgeriebene Schale und Saft von 1 unbehandelten Orange
- 100 g fettarmer Frischkäse
- 2 Äpfel, entkernt und in dünne Spalten geschnitten

Die Datteln hacken und mit dem Orangensaft in einem Topf langsam erhitzen, bis die Datteln weich sind. Kalt werden lassen, dann Frischkäse und Orangenschale unterrühren. Mit den Apfelspalten servieren.

PRO PORTION: 99 kcal; 3 g Fett;
2 g gesättigte Fettsäuren; 16 g Kohlenhydrate;
1,3 BE; 1,6 KHE 0,1 g Natrium

GEWICHT HALTEN

Dattel-Tahini-Dip

FÜR 4 PORTIONEN

- 40 g entsteinte getrocknete Datteln
- fein abgeriebene Schale und Saft von 1 unbehandelten Limette
- 1 EL Tahini (Sesampaste)
- 2 mittelgroße Birnen, entkernt und in dünne Spalten geschnitten

Die Datteln hacken und mit dem Limettensaft in einem Topf langsam erhitzen, bis die Datteln weich sind, gegebenenfalls etwas Wasser dazugeben. Kalt werden lassen, dann Tahini und Limettenschale unterrühren. Mit den Birnenspalten servieren.

PRO PORTION: 101 kcal; 2 g Fett;
0,3 g gesättigte Fettsäuren; 20 g Kohlenhydrate;
1,7 BE; 2,0 KHE; 0,01 g Natrium

GEWICHT HALTEN

Garnelen mit Kräuterdip

Ein tolles Rezept mit wenig Fett.

FÜR 2 PORTIONEN

- 250 g gekochte Garnelen mit Schale
- 150 g griechischer Joghurt mit 0 % Fett
- 1 Knoblauchzehe, zerdrückt
- 1 EL gehackter Koriander
- 2 TL gehackte Minze
- ¼ TL gemahlener schwarzer Pfeffer

1 Die Garnelen in ein hohes Glas geben und im Kühlschrank kalt stellen. Alle anderen Zutaten vermischen, abdecken und wenn möglich 1 Stunde ziehen lassen, damit die Aromen sich entfalten können.

2 Die Garnelen mit dem Dip servieren und erst am Tisch schälen.

PRO PORTION: 86 kcal; 0,4 g Fett; 0,1 g gesättigte Fettsäuren; 4 g Kohlenhydrate; + BE; + KHE; 0,33 g Natrium

GEWICHT HALTEN

Dill-Buttermilch-Brötchen

Die Brötchen können tiefgekühlt und einzeln in der Mikrowelle aufgetaut werden. Dazu das gefrorene Brötchen auf einem Stück Küchenpapier in die Mikrowelle legen und 20–30 Sekunden auf höchster Stufe auftauen.

ERGIBT 18 BRÖTCHEN

- 500 g Weizenvollkornmehl zzgl. etwas zum Bestreuen
- 20 g frischer Dill, fein gehackt
- 1½ TL Natron
- 250 g Buttermilch
- 150 ml fettarme Milch

1 Den Backofen auf 230 °C vorheizen. Das Backblech mit Mehl bestreuen. In einer großen Schüssel Mehl, Dill und Natron vermischen.

2 Eine Mulde in die Mitte drücken und Buttermilch und die Hälfte der Milch dazugeben. Zu einem weichen, aber nicht klebrigen Teig vermischen, dabei nach Bedarf mehr Milch hinzufügen.

3 Auf eine leicht bemehlte Arbeitsfläche geben, in 18 gleich große Stücke zerschneiden und diese zu Brötchen formen.

4 Auf das vorbereitete Blech legen und etwa 20 Minuten backen, bis die Brötchen aufgegangen und knusprig sind und sich hohl anhören, wenn man gegen ihren Boden klopft.

5 Auf einem Rost abkühlen lassen und in einem luftdichten Behälter aufbewahren oder tiefkühlen.

PRO PORTION: 98 kcal; 1 g Fett; 0,2 g gesättigte Fettsäuren; 21 g Kohlenhydrate; 1,8 BE; 2,1 KHE; 0,13 g Natrium

GEWICHT HALTEN

Korianderdip

Löffeln Sie diesen köstlichen Dip mit kleinen, knackigen Salat- oder Chicoreeblättern.

FÜR 2 PORTIONEN

- ½ TL Kreuzkümmelsamen
- 50 g rote Zwiebel, fein gehackt
- 1 kleine rote Chilischote, entkernt und fein gehackt
- 2 TL gehackter Koriander
- 200 g fettarmer Hüttenkäse

1 Die Kreuzkümmelsamen in einer kleinen Pfanne bei mittlerer Hitze trocken anrösten, bis sie duften.
2 Anschließend alle Zutaten gut vermischen und mit Salatblättern servieren.

PRO PORTION: 98 kcal; 2 g Fett; 0 g gesättigte Fettsäuren; 6 g Kohlenhydrate; 0,5 BE; 0,6 KHE; 0,3 g Natrium

GEWICHT HALTEN

Chili-Bohnen-Aufstrich

Verwenden Sie rohes Gemüse zum Dippen – zum Beispiel Gurke, Selleriestangen oder Karotten.

FÜR 4 PORTIONEN

- 1 TL Olivenöl
- 1 Schalotte, fein gehackt
- 1 Knoblauchzehe, fein gehackt
- 1½ TL gemahlener Kreuzkümmel
- 1½ TL gemahlener Koriander
- ½ TL Chilipulver
- 400 g Kidneybohnen aus der Dose, abgetropft
- Saft von ½ Limette

1 Das Öl in einer kleinen Pfanne erhitzen, Schalotten und Knoblauch darin weich dünsten. Die Gewürze dazugeben und bei geringer Hitzezufuhr unter Rühren 30 Sekunden anbraten.
2 Bohnen, Schalotten-Knoblauch-Mischung und den Limettensaft in der Küchenmaschine grob pürieren. Dabei nach Bedarf 1–2 EL Wasser dazugeben.
3 Nach Wunsch mit mehr Limettensaft abschmecken. Mit Gemüse zum Dippen servieren.

PRO PORTION: 90 kcal; 2 g Fett; 0,1 g gesättigte Fettsäuren; 14 g Kohlenhydrate; 1,2 BE; 1,4 KHE; 0,28 g Natrium

GEWICHT HALTEN

Dattel-Rhabarber-Biskuit

Dieser herrliche Biskuit ist nicht sehr süß, aber dafür umso saftiger. Datteln und Rhabarber verhindern, dass er zu schnell austrocknet – er lässt sich deshalb gut einfrieren. Schneiden Sie in ihn vorher in Stücke, damit Sie sie einzeln auftauen können.

FÜR 12 PORTIONEN

- ½ TL Öl
- 125 g entsteinte getrocknete Datteln
- 125 g Rhabarber, in grobe Stücke geschnitten
- 50 g Butter
- 125 g Weizenvollkornmehl
- 2 TL Backpulver
- 2 mittelgroße Eier, verquirlt
- 1 TL Vanilleextrakt

1 Den Backofen auf 180 °C vorheizen. Den Boden einer runden Kuchenform mit 20 cm Durchmesser mit Backpapier auslegen. Die Seiten dünn mit Öl einpinseln.

2 Die Datteln hacken, in einen kleinen Topf geben, Rhabarber und 4 EL kaltes Wasser dazugeben, abdecken und unter gelegentlichem Rühren köcheln lassen, bis ein nicht ganz glattes Püree entstanden ist.

3 Die Butter unterschlagen und die Mischung abkühlen lassen. Mehl und Backpulver mischen, mit dem Dattelpüree, Eiern und Vanilleextrakt in eine Schüssel geben und zu einem Teig verarbeiten.

4 In die Kuchenform geben und glatt streichen. Etwa 25 Minuten backen, bis der Kuchen aufgegangen ist und sich gerade eben fest anfühlt. Auf einem Rost abkühlen lassen und in einem luftdichten Behälter aufbewahren.

PRO PORTION: 96 kcal; 5 g Fett; 3 g gesättigte Fettsäuren; 12 g Kohlenhydrate; 1,0 BE; 1,2 KHE; 0,16 g Natrium

GEWICHT HALTEN

Aprikosenbrot ▸

Für dieses Rezept benötigt man noch nicht einmal eine Waage – alle Maße basieren auf einem großen Becher mit 300 ml Fassungsvermögen. Das Brot lässt sich auch gut einfrieren.

ERGIBT 16 SCHEIBEN

- 1 Becher (90 g) Vollkornflakes
- ⅓ Becher (50 g) Rohrohrzucker
- 1 Becher (200 g) getrocknete Aprikosen, gehackt
- 1 Becher (300 ml) fettarme Milch
- 1 Becher (175 g) Weizenvollkornmehl
- 1 EL Backpulver
- 1 EL gemahlener Kümmel (nach Geschmack)

1 Die Flakes in eine Schüssel geben, mit Zucker, Aprikosen und Milch vermischen und etwa 2 Stunden einweichen.

2 Den Backofen auf 180 °C vorheizen. Eine Kastenform mit 900 g Fassungsvermögen komplett mit Backpapier auslegen.

3 Mehl, Backpulver und Kümmel zu den eingeweichten Flakes geben und gut vermischen. Den Teig in die vorbereitete Form geben und glatt streichen.

4 Etwa 50 Minuten backen, bis er aufgegangen ist und sich fest anfühlt. In der Form leicht abkühlen, dann auf einem Rost vollständig erkalten lassen.

5 In Frischhaltefolie wickeln und in einem luftdichten Behälter aufbewahren oder in Scheiben schneiden und einfrieren.

PRO PORTION: 92 kcal; 1 g Fett; 0,3 g gesättigte Fettsäuren; 20 g Kohlenhydrate; 1,7 BE; 2,0 KHE; 0,17 g Natrium

GEWICHT HALTEN

Geröstete Sojabohnen

Experimentieren Sie auch mit anderen Samen und Kräutern.

FÜR 8 PORTIONEN

- 200 g Sojabohnen
- 4–6 Rosmarinzweige
- 1 TL Fenchelsamen
- 1 TL Kreuzkümmelsamen
- frisch gemahlener schwarzer Pfeffer

1 Die Bohnen über Nacht in kaltem Wasser einweichen. Abgießen und abspülen. In einen großen Topf geben und mit kochendem Wasser bedecken, erneut aufkochen und 10 Minuten sanft köcheln lassen, dann abgießen und gut abtropfen lassen.
2 Den Backofen auf 200 °C vorheizen. Zwei Backbleche mit Backpapier auslegen. Den Rosmarin auf das eine Blech legen, Fenchel und Kreuzkümmel auf dem anderen verteilen. Beide Bleche großzügig mit Pfeffer bestreuen.
3 Die Bohnen auf die beiden Bleche verteilen, sie sollten in einer Lage nebeneinander liegen. Etwa 1 Stunde rösten, dabei gelegentlich umrühren, bis die Bohnen knusprig und goldbraun sind.
4 Den Ofen ausschalten und die Bohnen in der Resthitze langsam abkühlen lassen. Die Rosmarinstiele entfernen – die Nadeln sind knusprig und abgefallen. Die beiden Sorten Bohnen getrennt in luftdichten Behältern aufbewahren.

PRO PORTION: 98 kcal; 5 g Fett; 0 g gesättigte Fettsäuren; 5 g Kohlenhydrate; + BE; 0,5 KHE; 0 g Natrium

GEWICHT HALTEN

Warmes Popcorn

Popcorn schmeckt am besten, wenn es ganz frisch ist. Es ist nicht nötig, Öl in den Topf zu geben. Um mehrere Portionen gleichzeitig herzustellen, verwenden Sie einfach mehr Popcornmais und einen größeren Topf.

FÜR 1 PORTION

- 30 g Popcornmais
- Zimt oder Pfeffer zum Bestreuen (nach Geschmack)

1 Den Popcornmais in einem mittelgroßen Topf bei mittlerer Hitze erwärmen. Abdecken und über der Hitze schwenken, bis der Mais zu poppen beginnt.
2 Die Hitze etwas reduzieren und den Topf auf dem Herd lassen, bis das Poppen aufgehört hat. Keinesfalls vorher den Deckel öffnen! Nach Geschmack mit Zimt oder Pfeffer bestreuen und sofort servieren.

PRO PORTION: 88 kcal; 1 g Fett; 0,1 g gesättigte Fettsäuren; 19 g Kohlenhydrate; 1,6 BE; 1,9 KHE; 0 g Natrium

GEWICHT HALTEN

Linsenriegel mit Gurken-Minz-Joghurt

Dieses Gericht kann gut vorbereitet und für einen schnellen Snack oder ein leichtes Mittagessen aufgewärmt werden. Die Riegel lassen sich auch sehr gut einfrieren.

ERGIBT 24 RIEGEL

FÜR DEN GURKEN-MINZ-JOGHURT

- ½ große Gurke, entkernt und gewürfelt
- 1 Knoblauchzehe, fein gehackt
- 12 Minzblätter, gehackt
- 150 g griechischer Joghurt mit 0 % Fett

FÜR DIE LINSENRIEGEL

- 1 EL Olivenöl
- 1 Zwiebel, fein gehackt
- 1 Lauchstange, fein gehackt
- 1 Karotte, fein gehackt
- 1 TL gemahlener Kreuzkümmel
- 1 TL gemahlener Koriander
- ¼ TL getrocknete Chiliflocken
- 175 g getrocknete rote Linsen
- 400 ml Gemüsebrühe
- 50 g Hafermehl
- 1 Ei, verquirlt

1 Den Backofen auf 190 °C vorheizen. Ein Backblech mit Backpapier auslegen. Für den Gurken-Minz-Joghurt alle Zutaten mischen, abdecken und im Kühlschrank ziehen lassen.

2 Das Öl in einem mittelgroßen Topf erhitzen. Zwiebel, Lauch und Karotte darin 10 Minuten bei geringer Hitze andünsten, sodass sie weich werden, aber noch keine Farbe annehmen. Kreuzkümmel, Koriander und Chili dazugeben und 1 Minute weiterbraten.

3 Linsen und Gemüsebrühe hinzufügen und ohne Deckel etwa 20 Minuten köcheln lassen, bis die Linsen weich, aber noch nicht matschig sind und die Flüssigkeit aufgenommen wurde. Bis zu 10 Minuten weiterkochen, wenn dieser Punkt noch nicht erreicht sein sollte.

4 Etwas abkühlen lassen, dann Hafermehl und Ei unterrühren. Die Mischung gleichmäßig auf dem Backblech verstreichen (etwa 30 x 20 cm) und 30 Minuten backen. In Riegel schneiden und mit dem Gurken-Minz-Joghurt servieren.

ZWEI RIEGEL: 99 kcal; 3 g Fett; 0,4 g gesättigte Fettsäuren; 13 g Kohlenhydrate; 1,1 BE; 1,3 KHE; 0,09 g Natrium

GEWICHT HALTEN

◂ Heiße Schokolade

Obwohl diese heiße Schokolade viel gesünder ist als gekaufte Produkte, sollte sie nur ab und zu getrunken werden. An manchen Abenden hilft jedoch nichts außer einer heißen Schokolade.

FÜR 1 PORTION

- 1 EL Kakaopulver
- 1 TL feiner Rohrohrzucker
- 100 ml fettarme Milch

1 In einem kleinen Topf Kakaopulver und Zucker mit 6 EL kaltem Wasser vermischen. Bei mittlerer Hitzezufuhr rühren, bis die Mischung zu köcheln beginnt.

2 Die Milch unterrühren und erhitzen. Nach Wunsch die Milch separat erhitzen und schaumig schlagen, dann mit der Schokoladenmischung verrühren. Sofort servieren.

PRO PORTION: 99 kcal; 4 g Fett; 2 g gesättigte Fettsäuren; 13 g Kohlenhydrate; 1,1 BE; 1,3 KHE; 0,06 g Natrium

GEWICHT HALTEN

Bananenbrot

So einfach, dass eigentlich nichts schiefgehen kann. In einem luftdichten Behälter aufbewahren oder in Scheiben geschnitten einfrieren.

ERGIBT 16 SCHEIBEN

- 2 große Bananen
- 1 mittelgroßes Ei
- 250 g Weizenvollkornmehl
- 1 EL Backpulver
- ½ TL gemahlene Muskatnuss
- 50 g Rosinen oder Sultaninen
- 40 g Pekannüsse, gehackt

1 Den Backofen auf 180 °C vorheizen. Eine Kastenform mit 900 g Fassungsvermögen mit Backpapier auslegen. Bananen mit Ei und 100 ml kaltem Wasser pürieren. Die restlichen Zutaten in einer Schüssel vermischen und das Bananenpüree gleichmäßig unterrühren.

2 In die vorbereitete Form füllen und 35–40 Minuten backen, bis das Bananenbrot aufgegangen und gleichmäßig gebräunt ist. Kurz in der Form abkühlen lassen, dann auf einen Rost geben und erkalten lassen.

PRO PORTION: 97 kcal; 3 g Fett; 0,3 g gesättigte Fettsäuren; 17 g Kohlenhydrate; 1,4 BE; 1,7 KHE; 0,12 g Natrium

Zum Mitnehmen

Die meisten Gerichte dieses Kapitels lassen sich wunderbar einpacken und sind in der Mittagspause schnell aufgewärmt oder einfach zubereitet.

Kräftige Kartoffelsuppe

Die Speckstücke geben der Suppe ein leckeres Räucheraroma, die Karotten geben Farbe und viele Vitamine. Diese Suppe lässt sich gut einfrieren und bei der Arbeit aufwärmen.

FÜR 2 PORTIONEN

- 1 Zwiebel, grob gehackt
- 2 Knoblauchzehen, fein gehackt
- 50 g Räucherspeck, gewürfelt
- 2 Selleriestangen, in dünne Scheiben geschnitten
- 1 TL frischer Thymian
- 1 Lorbeerblatt
- 2 mittelgroße Karotten, in Scheiben
- 350 g neue Kartoffeln, in 1 cm große Würfel geschnitten
- 1 l Hühnerbrühe
- 3 EL gehackte glatte Petersilie
- 2 EL griechischer Joghurt mit 0 % Fett
- gemahlener schwarzer Pfeffer

1 Zwiebel, Knoblauch und Speck in einen mittelgroßen Topf geben und abgedeckt bei mittlerer Hitze etwa 8 Minuten dünsten, dabei gelegentlich umrühren, nach Bedarf etwas Wasser dazugeben.
2 Sellerie, Thymian, Lorbeerblatt, Karotten und Kartoffeln dazugeben und braten, bis die Kartoffeln nach etwa 5 Minuten anfangen, am Topfboden kleben zu bleiben.
3 Die Brühe dazugeben, aufkochen und abgedeckt etwa 15 Minuten sanft köcheln lassen, bis die Kartoffeln weich sind und anfangen auseinanderzufallen.
4 Petersilie und Joghurt hinzufügen und mit Pfeffer abschmecken.

PRO PORTION: 292 kcal; 8 g Fett;
2 g gesättigte Fettsäuren; 42 g Kohlenhydrate;
3,5 BE; 4,2 KHE; 0,93 g Natrium

Gemüse-Linsen-Suppe ▸

Tamarindenpaste ist in asiatischen Lebensmittelgeschäften und manchen Supermärkten erhältlich. Die Suppe hält sich 2 Tage im Kühlschrank oder lässt sich bis zu 1 Monat einfrieren.

FÜR 3 PORTIONEN

- 1 Zwiebel, gehackt
- 4 Knoblauchzehen, gehackt
- ½ TL rote Chiliflocken
- 1 TL gemahlener schwarzer Pfeffer
- ½ TL gemahlener Kreuzkümmel
- ½ TL gemahlener Koriander
- ½ TL Kurkuma
- 1½ l Gemüsebrühe
- 150 g getrocknete rote Linsen, gewaschen
- 200 g Kürbis, in Stücke geschnitten
- 2 Karotten, in Scheiben
- 75 g Mais
- 50 g Erbsen (frisch oder tiefgekühlt)
- 4 Frühlingszwiebeln, in Ringe geschnitten
- 1 grüne Chilischote, entkernt und in Ringe geschnitten
- 1 EL Tamarindenpaste
- 1 EL gehackter, frischer Koriander
- 50 g Baby-Spinat
- Limettenspalten nach Geschmack

1 In einer Küchenmaschine Zwiebel, Knoblauch, Chiliflocken und Gewürze mit etwas Brühe zu einem Püree verarbeiten. Mit der restlichen Brühe und den Linsen in einen großen Topf geben.
2 Aufkochen, die Hitze reduzieren und abgedeckt 15 Minuten sanft köcheln lassen. Kürbis und Karotten dazugeben und erneut 15 Minuten kochen.
3 Die restlichen Zutaten hinzufügen und weitere 5 Minuten köcheln lassen. Mit Limettenspalten servieren.

PRO PORTION: 300 kcal; 3 g Fett;
0,3 g gesättigte Fettsäuren; 54 g Kohlenhydrate;
4,5 BE; 5,4 KHE; 0,63 g Natrium

◂ Panzanella-Salat

Dieser italienische Brotsalat macht satt und ist einfach und schnell zuzubereiten.

FÜR 2 PORTIONEN

- 3 Scheiben Hafer-Leinsamen-Brot (s.S. 49)
- 2 EL Sherry-Essig
- 4 reife Tomaten, in mundgerechte Stücke geschnitten
- 4 Frühlingszwiebeln, grob gehackt
- ½ Gurke, längs halbiert, entkernt und in 1 cm dicke Halbmonde geschnitten
- 320 g eingelegte rote Paprika, abgetropft und geviertelt
- 1 rote Chilischote, entkernt und fein gewürfelt
- 1 Handvoll Rucola, grob gehackt
- 6 Basilikumblätter, zerrissen
- 3 TL extra natives Olivenöl
- gemahlener schwarzer Pfeffer

1 Den Backofen auf 200 °C vorheizen, das Brot in 2 cm große Würfel schneiden, auf ein mit Backpapier ausgelegtes Backblech geben und im Ofen in 10–15 Minuten goldbraun rösten, dabei gelegentlich wenden.
2 Die Brotwürfel in eine Schüssel geben, den Essig darüberträufeln und beiseitestellen. Restliche Zutaten mischen und abschmecken. Die Brotwürfel unterheben und vor dem Servieren 15 Minuten ruhen lassen.

PRO PORTION: 277 kcal; 10 g Fett; 2 g gesättigte Fettsäuren; 38 g Kohlenhydrate; 3,2 BE; 3,8 KHE; 0,69 g Natrium

Gemüsesuppe mit Stücken

Diese Suppe lässt sich auch bis zu 1 Monat tiefgekühlt aufbewahren.

FÜR 6 PORTIONEN

- ½ TL Öl
- 1 Zwiebel, grob gehackt
- 2 Knoblauchzehen, fein gehackt
- 2 Salbeiblätter, gehackt
- 2 Selleriestangen, in Scheiben geschnitten
- 1 Lauchstange, in Ringe geschnitten
- 2 Karotten, in Ringe geschnitten
- 175 g kleine neue Kartoffeln, halbiert
- 400 g stückige Tomaten aus der Dose
- 2 l Gemüsebrühe
- 1 Zucchini, in Scheiben geschnitten
- 125 g Erbsen (frisch oder tiefgekühlt)
- 125 g grüne Bohnen, in 3 cm große Stücke geschnitten
- 175 g Wirsing, in feine Streifen geschnitten
- 50 g Baby-Spinat
- 400 g Borlottibohnen aus der Dose, abgegossen
- 50 g geriebener Parmesan
- 6 Scheiben Hafer-Leinsamen-Brot (s.S. 49)
- gemahlener schwarzer Pfeffer

1 Einen großen Topf mit Öl einpinseln, Zwiebeln und Knoblauch darin 5 Minuten bei mittlerer Hitze weich dünsten.
2 Salbei, Sellerie, Lauch, Karotten und Kartoffeln dazugeben und 2 Minuten anbraten, dabei gelegentlich rühren. Tomaten und Brühe dazugeben und 12–15 Minuten köcheln lassen, bis die Kartoffeln weich sind.
3 Die restlichen Zutaten dazugeben und weitere 5 Minuten kochen. Abschmecken und mit geriebenem Parmesan und Brotscheiben servieren.

PRO PORTION: 294 kcal; 8 g Fett; 2 g gesättigte Fettsäuren; 39 g Kohlenhydrate; 3,3 BE; 3,9 KHE; 0,74 g Natrium

Asiatische Hühnersuppe

FÜR 6 PORTIONEN

- 6 Hähnchenoberkeulen ohne Haut
- 600 ml Hühnerbrühe
- 3 cm Ingwer, geschält und in Scheiben geschnitten
- 2 Knoblauchzehen, zerdrückt
- 2 EL Fischsauce
- 10 schwarze Pfefferkörner
- 2 Zwiebeln, in dünne Ringe geschnitten
- 125 g Zuckerschoten, in Streifen geschnitten
- 250 g Brokkoli, in kleine Röschen zerteilt
- 6 Frühlingszwiebeln, in Ringe geschnitten
- 250 g dünne Reisnudeln
- 3 EL gehackter Koriander

1 Die Hähnchenschenkel in einen großen Suppentopf geben, Hühnerbrühe und 1,8 l Wasser dazugeben. Ingwer, Knoblauch, Fischsauce, Pfefferkörner und Zwiebeln hinzufügen. Aufkochen, die Hitzezufuhr reduzieren und abgedeckt 20 Minuten sanft köcheln lassen.
2 Die Keulen herausnehmen, leicht abkühlen lassen, das Fleisch vom Knochen zupfen, würfeln oder zerpflücken und beiseitestellen.
3 Die Brühe weitere 30–40 Minuten ohne Deckel köcheln lassen, bis sie etwa um die Hälfte eingekocht ist. Durch ein Sieb gießen und die Brühe wieder auf den Herd stellen. Fett abschöpfen. Zuckerschoten, Brokkoli und Frühlingszwiebeln hineingeben und 2 Minuten kochen lassen.
4 In der Zwischenzeit die Nudeln mit kochendem Wasser übergießen, 1 Minute ziehen lassen und abgießen. Das Fleisch in die Suppe geben. Die Nudeln in eine große Suppenschüssel oder sechs Suppenschalen geben und die Hühnersuppe darüberlöffeln. Mit Koriander bestreut servieren.

PRO PORTION: 271 kcal; 3 g Fett;
1 g gesättigte Fettsäuren; 40 g Kohlenhydrate;
3,3 BE; 4,0 KHE; 0,66 g Natrium

Bunho-Rindfleisch mit Nudeln ▸

FÜR 4 PORTIONEN

- 1 Knoblauchzehe, zerdrückt
- 1 mittlere Zwiebel, in feine Ringe geschnitten
- 5 cm Zitronengras vom weichen inneren Teil, sehr fein gehackt
- 1 rote Chilischote, entkernt und fein gewürfelt
- 1 TL gemahlener schwarzer Pfeffer
- 1 EL Fischsauce
- 2 TL flüssiger Honig
- 300 g Rinderfilet, in dünne Streifen geschnitten
- 125 g dünne Reisnudeln
- 100 g Sojasprossen
- 125 g grünes chinesisches Gemüse, in feine Streifen geschnitten (z. B. Pak Choy)
- ½ Gurke, längs halbiert, entkernt und geraspelt
- 24 Minzblätter, in feine Streifen geschnitten
- ½ TL Öl
- 300 ml frische Rindfleischbrühe, angewärmt
- 1 EL geröstete ungesalzene Erdnüsse, gehackt
- 1 TL Sesam

1 In einer Schüssel Knoblauch, Zwiebel, Zitronengras, Chili, Pfeffer, Fischsauce und Honig mischen, das Fleisch darin 30 Minuten marinieren.
2 Die Reisnudeln mit kochendem Wasser übergießen und abgedeckt 5 Minuten ziehen lassen, anschließend abgießen.
3 Die Nudeln auf vier tiefe Suppenschalen verteilen. Sprossen, grünes Gemüse, Gurke und Minze darüber verteilen. Eine Bratpfanne erhitzen, dünn mit Öl einpinseln.
4 Das Fleisch darin 30 Sekunden auf jeder Seite anbraten und auf die Nudeln geben. Etwas Brühe in jede Schale gießen und mit Erdnüssen und Sesam bestreut servieren.

PRO PORTION: 290 kcal; 8 g Fett;
2 g gesättigte Fettsäuren; 34 g Kohlenhydrate;
2,8 BE; 3,4 KHE; 0,48 g Natrium

◂ Kedgeree mit geräucherter Forelle

Für dieses Rezept muss man nur aus dem Supermarkt etwas geräucherte Forelle mitbringen, die restlichen Zutaten sollten zu Hause vorhanden sein.

FÜR 4 PORTIONEN

- ½ TL Öl
- 1 Zwiebel, fein gehackt
- 1 EL Currypaste
- 175 g Basmativollkornreis, gekocht
- 200 g geräucherte Forelle
- 3 EL gehackte Petersilie
- 1 EL gehackter Schnittlauch
- 2 EL griechischer Joghurt mit 0 % Fett
- 2 hart gekochte Eier, grob gehackt
- Zitronensaft nach Geschmack
- gemahlener schwarzer Pfeffer

1 Eine beschichtete Pfanne erhitzen und dünn mit Öl einpinseln. Die Zwiebeln darin bei mittlerer Hitze in 8–10 Minuten ohne Farbe weich dünsten, gegebenenfalls ein wenig Wasser dazugeben.
2 Currypaste und 1 EL Wasser hinzufügen. Unterrühren und weitere 3 Minuten dünsten. Den Reis dazugeben und 2 Minuten braten.
3 Die Forelle in kleine Stücke zerpflücken und mit Joghurt und Kräutern zum Reis geben. Vorsichtig unterheben und erhitzen, die Forelle sollte nicht vollständig zerfallen. Mit Zitronensaft und schwarzem Pfeffer abschmecken und die Eier unterheben.

PRO PORTION: 292 kcal; 9 g Fett;
2 g gesättigte Fettsäuren; 36 g Kohlenhydrate;
3,0 BE; 3,6 KHE; 0,48 g Natrium

Rote-Bete-Kartoffel-Salat

Rote Bete ist ein wunderbares Wurzelgemüse, das leider viel zu wenig verwendet wird. Vorsicht, ihr Saft macht hartnäckige Flecken auf Kleidern und Arbeitsflächen.

FÜR 3 PORTIONEN

- 400 g neue Kartoffeln, gewaschen
- 250 g gegarte Rote Bete, gewürfelt
- 2 Äpfel, entkernt und in dünne Spalten geschnitten
- 1 EL Himbeeressig
- 1 EL Olivenöl
- 50 g Alfalfa-Sprossen
- 250 g Hüttenkäse
- 1 EL gehackter Schnittlauch
- gemahlener schwarzer Pfeffer

1 Die Kartoffeln in 15–20 Minuten garen, abgießen, leicht abkühlen lassen und in mundgerechte Stücke schneiden.
2 Mit Rote Bete und Äpfeln mischen. Essig, Öl und Pfeffer verquirlen und unter den Salat heben. Sprossen, Hüttenkäse und Schnittlauch erst kurz vor dem Servieren unterrühren.

PRO PORTION: 291 kcal; 8 g Fett;
3 g gesättigte Fettsäuren; 42 g Kohlenhydrate;
3,5 BE; 4,2 KHE; 0,36 g Natrium

Krebsküchlein mit Gurken-Relish ▶

Ein leckeres Gericht für Brunch oder Mittag, es kann heiß oder kalt serviert werden.

FÜR 4 PORTIONEN

FÜR DIE KREBSKÜCHLEIN

- 450 g gegartes weißes Krebsfleisch
- 4 Frühlingszwiebeln, in feine Ringe geschnitten
- 1 TL frisch geriebener Ingwer
- 1 rote Chilischote, entkernt und fein gehackt
- ½ rote Paprika, entkernt und fein gewürfelt
- 2 EL fein gehackter Koriander
- 200 g Maiskörner, gut abgetropft
- 2 EL griechischer Joghurt mit 0 % Fett
- 1 Eigelb
- 8 EL Semmelbrösel aus Körnerbrot (s. Tipp rechts)
- ½ TL Öl

FÜR DAS GURKEN-RELISH:

- 2 Gurken, längs halbiert und entkernt
- 1 EL feiner Rohrohrzucker
- 4 EL Reisessig
- 1 scharfe rote Chilischote, entkernt und fein gewürfelt
- 2 Schalotten, fein gewürfelt
- 4 EL gehacktes Koriandergrün
- 25 g ungesalzene geröstete Erdnüsse, gehackt
- 2 TL Fischsauce

1 Alle Zutaten für die Krebsküchlein, außer Öl und Semmelbröseln, zu einer glatten, klebenden Mischung verkneten. Zu zwölf Küchlein formen. In Semmelbröseln wenden, abdecken und bis zu 12 Stunden kalt stellen.

2 Für das Relish die Gurke in 5 mm dicke Scheiben schneiden. Den Zucker im Essig auflösen und mit den Gurkenscheiben vermischen. Chili, Schalotte und Koriander unterrühren. Kurz vor dem Servieren die Fischsauce dazugeben und mit Erdnüssen bestreuen.

3 Eine große beschichtete Pfanne bei mittlerer Hitze erhitzen, mit wenig Öl einpinseln und die Krebsküchlein darin auf jeder Seite 2–3 Minuten braten, bis sie goldbraun und heiß sind. Mit Gurken-Relish servieren.

TIPP: Für die Semmelbrösel 2–3 Scheiben Hafer-Leinsamen-Brot (s. S. 49) im vorgeheizten Backofen bei 190 °C etwa 25 Minuten knusprig backen. Auf einem Rost abkühlen lassen, dann in der Küchenmaschine zu feinen Semmelbröseln, aber nicht zu Mehl zermahlen.

PRO PORTION: 304 kcal; 9 g Fett; 2 g gesättigte Fettsäuren; 25 g Kohlenhydrate; 2,1 BE; 2,5 KHE; 0,9 g Natrium

◂ Pochiertes junges Gemüse mit Spargel-Zitronen-Sauce

Ab und zu esse ich gern eine große Schüssel Gemüse mit einer sehr leichten Zitronensauce. Probieren Sie es aus, Sie werden es lieben.

FÜR 4 PORTIONEN

FÜR DAS GEMÜSE

- 50 g Dinkel- oder Weizenkörner, über Nacht in kaltem Wasser eingeweicht
- 600 ml Gemüsebrühe
- 12 Baby-Karotten
- 8 Baby-Rüben
- 12 kleine neue Kartoffeln
- 12 Perlzwiebeln
- 16 Stangen Spargel
- 12 kleine Rosenkohlröschen
- 75 g extra dünne grüne Bohnen
- 100 g Erbsen (frisch oder tiefgekühlt)
- 125 g winzige Brokkoliröschen
- 8 Kirschtomaten

FÜR DIE SAUCE

- 2 Eigelbe
- Saft von 1–2 Zitronen
- 2 TL Speisestärke
- 2 EL griechischer Joghurt mit 0 % Fett
- gemahlener weißer Pfeffer

1 Dinkel oder Weizen in kochendem Wasser in 15 Minuten weich kochen. Abgießen und warm halten. In der Zwischenzeit in einem großen Topf die Gemüsebrühe aufkochen und Karotten, Rüben, Kartoffeln und Zwiebeln im Ganzen hineingeben und in 12–15 Minuten garen. Aus der Brühe nehmen, beiseitestellen und warm halten.

2 Die Spargelköpfe abschneiden und beiseitestellen, die Stangen in der Brühe weich kochen. Herausnehmen und beiseitestellen, sie werden für die Sauce verwendet.

3 Rosenkohl 3 Minuten in der Brühe pochieren, dann die Bohnen dazugeben und 2 Minuten mitkochen. Erbsen, Brokkoli und Spargelköpfe dazugeben und weitere 3 Minuten kochen. Aus dem Topf nehmen und zum Wurzelgemüse geben.

4 Die Gemüsebrühe aufkochen lassen und auf 300 ml reduzieren. Die Kirschtomaten hineingeben und 30 Sekunden blanchieren. Herausnehmen und zum restlichen Gemüse geben.

5 Für die Sauce die Spargelstangen mit Eigelb, Zitronensaft und Stärke in der Küchenmaschine pürieren. Nach Bedarf etwas Gemüsebrühe dazugeben. Diese Mischung durch ein Sieb in einen kleinen Topf streichen.

6 Bei geringer Hitze auf den Herd stellen und nach und nach die heiße Gemüsebrühe unterrühren. Mit dem Schneebesen schlagen, bis die Sauce angedickt ist, aber nicht kochen lassen. Vom Herd nehmen und den Joghurt unterrühren. Mit weißem Pfeffer und nach Wunsch mehr Zitronensaft abschmecken.

7 Getreide und Gemüse auf vier angewärmte Schalen verteilen und mit der Sauce beträufeln.

PRO PORTION: 289 kcal; 7 g Fett; 1 g gesättigte Fettsäuren; 44 g Kohlenhydrate; 3,7 BE; 4,4 KHE; 0,23 g Natrium

Indonesisches Garnelencurry

Obwohl es nicht indisch ist, ist dies eins meiner liebsten Currys – es hat viel weniger Kalorien als ein „echtes" Curry, aber dafür umso mehr Aroma. Wenn man zu viel macht, kann man den Rest für den nächsten Tag aufbewahren oder einfach einfrieren.

FÜR 2 PORTIONEN

FÜR DIE GARNELEN
- 1 TL Zitronensaft
- 1 TL Kurkuma
- ½ TL Chilipulver
- 200 g geschälte große rohe Garnelen, Darm entfernt

FÜR DAS CURRY
- ½ TL Rapsöl
- 2 mittelgroße Zwiebeln, jeweils in 12 Spalten geschnitten
- 4 Knoblauchzehen, in Scheiben geschnitten
- 3 cm Ingwer, geschält und gerieben
- 3 grüne Chilischoten, entkernt und in Streifen geschnitten
- 1 grüne Paprika, entkernt und in 2–3 cm große Stücke geschnitten
- 1 TL gemahlener Koriander
- 1 TL gemahlener Kreuzkümmel
- 4 reife Tomaten, in Stücke geschnitten
- 1 EL Tamarindenpaste, mit 3 EL Wasser gemischt
- 1 Handvoll Korianderblätter, grob gehackt
- Frühlingszwiebelringe zum Garnieren
- 50 g Basmativollkornreis, gekocht, zum Servieren

1. Zitronensaft, Kurkuma und Chilipulver mit 1 EL Wasser verrühren, diese Mischung in die Garnelen einmassieren und 20 Minuten marinieren lassen.
2. In der Zwischenzeit die Currybasis vorbereiten. Einen beschichteten Wok oder eine Pfanne erhitzen und mit etwas Öl einpinseln. Die Zwiebeln darin 6–8 Minuten ohne Farbe glasig dünsten, wenn nötig einen Spritzer Wasser dazugeben.
3. Knoblauch, Ingwer und Chilis hineingeben und 2 Minuten weiterbraten, dann grüne Paprika und Gewürze hinzufügen und 3 Minuten unter Rühren anbraten. Tomaten und Tamarindenwasser dazugeben, die Hitzezufuhr erhöhen und 3 Minuten kochen, wenn nötig etwas Wasser hinzufügen.
4. Eine kleine beschichtete Pfanne erhitzen und mit etwas Öl einpinseln. Die Garnelen mit ihrer Marinade und wenn nötig einem Spritzer Wasser 2–3 Minuten darin anbraten, bis sie sich rosa verfärben. Unter die Currysauce heben und mit Koriander und Frühlingszwiebeln bestreut servieren. Dazu den Reis reichen.

PRO PORTION: 299 kcal; 5 g Fett; 0,6 g gesättigte Fettsäuren; 43 g Kohlenhydrate; 3,6 BE; 4,3 KHE; 0,28 g Natrium

▲ Ofenkartoffeln mit würziger Bohnenfüllung

FÜR 4 PORTIONEN

- 4 Ofenkartoffeln à 250 g
- 400 g Kidneybohnen aus der Dose, abgegossen
- 150 g griechischer Joghurt mit 0 % Fett
- 2 Tomaten, entkernt und gewürfelt
- 1 rote Chilischote, entkernt und fein gewürfelt
- 1 Knoblauchzehe, zerdrückt
- 2 EL gehackter Koriander
- 1 TL gemahlener Kreuzkümmel
- 1 TL gemahlener Koriander
- ½ kleine rote Zwiebel, fein gewürfelt
- Saft von ½ – 1 Limette
- gemahlener schwarzer Pfeffer
- grüner Salat zum Servieren

1 Den Backofen auf 200 °C vorheizen. Die Kartoffeln gründlich waschen und mehrfach mit einer Gabel einstechen. Im Ofen etwa 50 – 60 Minuten backen, bis sie gar sind.

2 Die Hälfte der Bohnen zerdrücken und mit dem Joghurt mischen. Alle anderen Zutaten und die restlichen Bohnen dazugeben und gut verrühren. Mit Pfeffer abschmecken und die aufgeschnittenen Kartoffeln damit füllen.

PRO PORTION: 298 kcal; 2 g Fett; 0,1 g gesättigte Fettsäuren; 60 g Kohlenhydrate; 5,0 BE; 6,0 KHE; 0,05 g Natrium

Misosuppe mit Hühnchen und Lachs

Fleisch und Meeresfrüchte werden für diese Suppe kombiniert – eine leichte, aber vollständige Mahlzeit.

FÜR 4 PORTIONEN

- 2 TL Misopaste
- 2 TL Austernsauce
- 2 TL salzreduzierte Sojasauce
- 1 EL geriebener frischer Ingwer
- 1 TL geriebener Knoblauch
- fein abgeriebene Schale und Saft von 1 unbehandelten Orange
- 1 l Hühnerbrühe
- 200 g Hähnchenbrust, in feine Streifen geschnitten
- 175 g Lachsfilet ohne Haut, in 1 cm große Würfel geschnitten
- 2 Köpfe Pak Choy, in feine Streifen geschnitten
- 100 g getrocknete dünne Weizennudeln, nach Packungsanleitung zubereitet
- 4 Frühlingszwiebeln, in dünne Ringe geschnitten
- gemahlener weißer Pfeffer

1 In einem großen Topf Misopaste, Austernsauce, Sojasauce, Ingwer, Knoblauch, Orangensaft und -schale mischen. Die Brühe unterrühren und zu einem sanften Köcheln bringen.

2 Hühnchen, Lachs und Pak Choy hineingeben und 3 – 4 Minuten köcheln lassen, dann Nudeln und Frühlingszwiebeln dazugeben. Mit weißem Pfeffer abschmecken.

PRO PORTION: 300 kcal; 9 g Fett; 1 g gesättigte Fettsäuren; 26 g Kohlenhydrate; 2,2 BE; 2,6 KHE; 0,96 g Natrium

GEWICHT HALTEN

Blumenkohl mit Käsesauce überbacken

Dies ist ein schnelles und sättigendes Mittag- oder Abendessen. Es schmeckt am besten direkt aus dem Ofen serviert, aber auch kalt oder aufgewärmt ist es köstlich.

FÜR 6 PORTIONEN

- 1 großer Blumenkohl (ca. 600 g), in Röschen
- 100 g fettarmer roter Leicesterkäse, gerieben
- 1 EL Dijonsenf
- 2 mittelgroße Eier, verquirlt
- 2 TL Worcestershiresauce
- 4 EL griechischer Joghurt mit 0 % Fett
- 1 Prise gemahlene Muskatnuss
- 6 Scheiben Hafer-Leinsamen-Brot (s. S. 49), getoastet
- 250 g Baby-Spinat, kurz angedünstet
- 400 g Borlottibohnen aus der Dose, abgegossen und aufgewärmt
- gemahlener schwarzer Pfeffer

1 Den Ofengrill sehr heiß erhitzen. Blumenkohl in kochendem Wasser etwa 5 Minuten bissfest garen. Abgießen und warm halten.
2 In der Zwischenzeit Käse, Senf, Eier, Worcestershiresauce und Joghurt verrühren und mit Muskatnuss und schwarzem Pfeffer abschmecken.
3 Die getoasteten Brotscheiben auf ein Blech legen, Spinat und Bohnen daraufgeben und den Blumenkohl darüber verteilen. Die Käsemischung darübergeben, sodass der Blumenkohl gleichmäßig bedeckt ist. Unter den Grill geben, bis die Sauce blubbert und goldbraun wird. Sofort servieren.

PRO PORTION: 312 kcal; 9 g Fett; 3 g gesättigte Fettsäuren; 34 g Kohlenhydrate; 2,8 BE; 3,4 KHE; 0,8 g Natrium

GEWICHT HALTEN

Avocado-Dip mit Pita-Chips ▸

Dieses Gericht eignet sich gut für einen schnellen Snack. Die Pita-Chips können in einem luftdichten Behälter 4–5 Tage aufbewahrt werden.

FÜR 3 PORTIONEN

- 3 Pitabrote
- 1 Handvoll glatte Petersilie
- 1 Handvoll Baby-Spinat
- 1 Knoblauchzehe, zerdrückt
- fein abgeriebene Schale und Saft von ½ unbehandelten Zitrone
- 1 Spritzer Worcestershiresauce
- 1 Spritzer Tabasco
- ½ TL gemahlener Kreuzkümmel
- ½ TL gemahlener Koriander
- 1 große Avocado, geschält und entsteint
- 4 EL griechischer Joghurt mit 0 % Fett
- ¼ TL gemahlener schwarzer Pfeffer
- 3 Tomaten, in Spalten geschnitten, zum Servieren

1 Den Backofen auf 170 °C vorheizen. Die Pitabrote in zwei Hälften spalten, dann jede Hälfte in sechs Dreiecke zerschneiden und auf ein Backblech legen. Im Ofen 15–20 Minuten backen, bis sie hellgolden und sehr knusprig sind. Auf einem Rost abkühlen lassen.
2 In der Zwischenzeit Wasser in einem Topf aufkochen, Petersilie und Spinat hineingeben, 2 Minuten blanchieren, dann abgießen und in Eiswasser abschrecken. Abgießen, das Wasser ausdrücken und grob hacken.
3 Die Spinatmischung mit allen anderen Zutaten, außer den Tomaten, in die Küchenmaschine geben und zu einem sehr glatten Dip pürieren. Abschmecken und mit Pita-Chips und Tomatenspalten servieren.

PRO PORTION: 357 kcal; 16 g Fett; 2 g gesättigte Fettsäuren; 45 g Kohlenhydrate; 3,8 BE; 4,5 KHE; 0,38 g Natrium

GEWICHT HALTEN

◂ Mini-Brotpizzen mit Tomaten

Bereiten Sie die Zutaten zu Hause vor und wenn Sie auf der Arbeit Zugang zu einem Ofen haben, können Sie die Pizza in der Mittagpause blitzschnell fertigbacken.

FÜR 4 PORTIONEN

- 400 g Cannellinibohnen aus der Dose, abgegossen
- 2 EL schwarze Olivenpaste
- 50 g Pinienkerne, geröstet
- 3 Frühlingszwiebeln, in feine Ringe geschnitten
- 4 Scheiben Hafer-Leinsamen-Brot (s.S. 49) oder anderes Körnerbrot, getoastet
- 4 Tomaten, in Scheiben geschnitten
- 1 TL Fenchelsamen
- ¼ TL Chilipulver
- 1 EL flüssiger Honig
- 3 TL extra natives Olivenöl
- Rucola zum Servieren

1 Den Backofen auf 200 °C vorheizen. Die Hälfte der Bohnen mit einer Gabel zerdrücken. Die restlichen Bohnen, Olivenpaste, Pinienkerne und Frühlingszwiebeln unterrühren.
2 Das Brot auf ein mit Backpapier ausgelegtes Backblech geben, mit der Bohnenmischung bestreichen und die Tomaten darauf verteilen.
3 Gewürze mit Honig und Olivenöl mischen und über die Tomaten träufeln, im Ofen 12–15 Minuten backen, bis die Tomaten leicht zusammenfallen. Sehr heiß mit Rucola servieren.

PRO PORTION: 353 kcal; 19 g Fett; 2 g gesättigte Fettsäuren; 35 g Kohlenhydrate; 2,9 BE; 3,5 KHE; 0,4 g Natrium

GEWICHT HALTEN

Getreidesalat mit Kräutern

Getreide und Samen mit Kräutern, Gemüse oder sogar mit Früchten – so lecker und aromatisch kann gesundes Essen sein. In einem luftdichten Behälter hält dieser Salat sich im Kühlschrank 48 Stunden.

FÜR 4 PORTIONEN

- 75 g Wildreis
- 100 g Bulgur
- 25 g Leinsamen
- 25 g Hanfsamen (aus dem Reformhaus)
- 25 g Kürbiskerne
- 50 g glatte Petersilie, grob gehackt
- 3 EL grob gehackte Minze
- 3 EL grob gehackter Koriander
- 6 Frühlingszwiebeln, in Ringe geschnitten
- 2 Eiertomaten, gewürfelt
- 75 g Rosinen
- 75 g getrocknete Aprikosen, gehackt
- fein abgeriebene Schale und Saft von 1 unbehandelten Zitrone
- 1 TL gemahlener schwarzer Pfeffer

1 Den Wildreis nach Packungsanleitung garen, abgießen und gut abtropfen lassen. In der Zwischenzeit den Bulgur mit 600 ml kochendem Wasser übergießen und 15 Minuten ziehen lassen, dann abgießen und gut ausdrücken.
2 Reis und Bulgur abkühlen lassen, mit den Samen vermischen, dann Kräuter, Frühlingszwiebeln, Tomaten, getrocknete Früchte und Zitronenschale unterrühren.
3 Erst kurz vor dem Servieren Zitronensaft und Pfeffer dazugeben und gut vermischen.

PRO PORTION: 345 kcal; 8 g Fett; 1 g gesättigte Fettsäuren; 61 g Kohlenhydrate; 5,1 BE; 6,1 KHE; 0,04 g Natrium

GEWICHT HALTEN

Hering mit Apfel und Meerrettich

Ein schnelles, sehr aromatisches Gericht zum Frühstück oder Mittagessen.

FÜR 4 PORTIONEN

- 4 Filets kalt geräucherter Hering
- 6 EL fettarmer griechischer Joghurt (1,5 % Fett)
- 1 EL Zitronensaft
- 1 TL geriebener Meerrettich
- 1 TL Apfelessig
- 3 Äpfel, entkernt und gewürfelt
- 4 Frühlingszwiebeln, in feine Ringe geschnitten
- 12 Knäckebrote
- gemahlener schwarzer Pfeffer

1 Die Filets in einen flachen Behälter geben, mit kochendem Wasser bedecken und 5–7 Minuten ziehen lassen, dann gründlich abtropfen. Die Haut abziehen, das Fleisch mit zwei Gabeln zerpflücken und so viele Gräten wie möglich entfernen.

2 Den Joghurt in eine Schüssel geben und mit Zitronensaft, Meerrettich, Essig, Äpfeln und Frühlingszwiebeln mischen.

3 Den Fisch unterheben. Mit viel Pfeffer und nach Wunsch extra Meerrettich abschmecken und mit Knäckebrot servieren.

PRO PORTION: 290 kcal; 12 g Fett;
2 g gesättigte Fettsäuren; 33 g Kohlenhydrate;
2,8 BE; 3,3 KHE; 0,56 g Natrium

Wrap mit Bohnen und Salat

Ein vielseitiges schnelles Mittagessen: Dieser Wrap schmeckt warm oder kalt und ist eine gute Abwechslung zum typischen belegten Brot im Büro.

FÜR 4 PORTIONEN

- ½ TL Rapsöl
- 3 Frühlingszwiebeln, in Ringe geschnitten
- 3 Knoblauchzehen, zerdrückt
- 1 rote Chilischote, entkernt und fein gehackt
- 1 TL gemahlener Kreuzkümmel
- 1 TL gemahlener Koriander
- 200 g stückige Tomaten aus der Dose
- 400 g Borlottibohnen aus der Dose, abgegossen und abgespült
- 2 EL gehackter Koriander
- 4 Weizenmehl-Tortillas, angewärmt
- 1 mittelgroße Avocado, geschält und in Scheiben geschnitten
- 75 g Eisbergsalat, in feine Streifen geschnitten
- 2 EL griechischer Joghurt mit 0 % Fett

1 Eine Bratpfanne erhitzen und mit Öl einpinseln. Zwiebeln, Knoblauch und Chili hineingeben und bei mittlerer Hitze 2 Minuten anbraten, dabei wenn nötig einen Spritzer Wasser dazugeben.

2 Die Gewürze dazugeben und 1 Minute weiterbraten, dann Tomaten und Bohnen hinzufügen. Köcheln lassen, bis die Sauce eindickt. Dann den Koriander unterrühren.

3 Tortillas auf der Arbeitsfläche ausbreiten. Etwas Bohnenmischung daraufstreichen, Avocado und Salat darüber verteilen und mit Joghurt beträufeln.

4 Die Tortillas aufrollen, dabei die Enden einschlagen. Halbieren und entweder sofort warm essen oder abkühlen lassen und zum Mitnehmen in Klarsichtfolie oder Wachspapier einschlagen.

PRO PORTION: 284 kcal; 11 g Fett;
1 g gesättigte Fettsäuren; 38 g Kohlenhydrate;
3,2 BE; 3,8 KHE; 0,65 g Natrium

GEWICHT HALTEN

Asiatische Hühnchenrollen

Dieses leichte Gericht ist ideal für ein ungezwungenes Mittagessen. Jeder löffelt ein wenig Fleisch auf ein Salatblatt, rollt es nach Wunsch auf und beißt in den Kontrast aus knusprigen, kühlen Blättern und warmer Füllung.

FÜR 4 PORTIONEN

- 400 g Geflügelhackfleisch
- 1 rote Chilischote, entkernt und fein gewürfelt
- 2 Frühlingszwiebeln, fein gehackt
- 1 Knoblauchzehe, zerdrückt
- 1 TL geriebener Ingwer
- 1 TL Sesamöl
- 25 g Wasserkastanien oder Sojasprossen, gehackt
- 2 EL gehackter Koriander
- 2 EL gehackte Cashewnüsse
- 1 Karotte, fein gewürfelt
- 2 EL Austernsauce
- 2 TL flüssiger Honig
- 16–20 Eisbergsalatblätter
- 200 g Basmativollkornreis, gekocht
- Limettenspalten zum Servieren

1 Hackfleisch mit Chili, Frühlingszwiebeln, Knoblauch, Ingwer und Sesamöl mischen. Eine große beschichtete Pfanne erhitzen und das Fleisch darin etwa 5 Minuten anbraten, dabei mit einer Gabelrückseite die Brocken zerteilen, bis das Fleisch gleichmäßig goldbraun ist.
2 Wasserkastanien, Koriander, Nüsse, Karotte, Austernsauce und Honig dazugeben, gut unterrühren und warm werden lassen.
3 Die Fleischmischung mit den Salatblättern, gekochtem Reis und Limettenspalten zum Darüberpressen servieren.

PRO PORTION: 343 kcal; 7 g Fett;
1 g gesättigte Fettsäuren; 45 g Kohlenhydrate;
3,8 BE; 4,5 KHE; 0,49 g Natrium

GEWICHT HALTEN

Sättigende Tomatensuppe

Diese Suppe ist sehr aromatisch – ein perfektes Mittagessen fürs Büro. Übrig gebliebene Suppe kann in einzelnen Portionen eingefroren und bis zu 1 Monat aufbewahrt werden.

FÜR 4 PORTIONEN

- 1 große Zwiebel, fein gewürfelt
- 2 Knoblauchzehen, fein gehackt
- 800 g stückige Tomaten aus der Dose
- 1 l Gemüsebrühe
- 1 EL Tomatenmark
- 1 getrocknete scharfe rote Chilischote
- 2 Lorbeerblätter
- 2 TL gemahlener Kreuzkümmel
- 1 TL Zucker
- 150 g Chorizo, gehäutet und gewürfelt
- 410 g Cannellinibohnen aus der Dose, abgetropft
- 100 g Basmativollkornreis, abgespült
- 3 EL gehackte Petersilie
- gemahlener schwarzer Pfeffer

1 Alle Zutaten außer der Petersilie in einen großen Topf geben, 300 ml Wasser dazugeben und zum Kochen bringen. Abdecken und 30 Minuten sanft köcheln lassen.
2 Chili und Lorbeerblätter herausnehmen, Petersilie hinzufügen und abschmecken. Sehr heiß servieren.

PRO PORTION: 353 kcal; 13 g Fett;
4 g gesättigte Fettsäuren; 42 g Kohlenhydrate;
3,5 BE; 4,2 KHE; 0,85 g Natrium

Hauptgerichte

Ob festlicher Schmorbraten, Fisch mit Kartoffeln, vegetarische Pasta, herzhafte Eintöpfe, leichte Suppen oder schnelle Salate: Hier finden Sie für jede Gelegenheit und für jeden Geschmack das passende Essen.

GEO. GILL & SONS
SHEFFIELD, ENGLAND

Tomaten-Bulgur-Auflauf

FÜR 4 PORTIONEN

- 3 TL Olivenöl
- 1 Zwiebel, fein gehackt
- 2 Knoblauchzehen, fein gehackt
- 1 rote Paprika, in 1 cm große Würfel geschnitten
- je 1 TL Thymianblätter und getrockneter Oregano
- 400 g stückige Tomaten aus der Dose
- 12 Basilikumblätter, zerpflückt
- je 1 TL gemahlener Piment und Chilipulver
- 600 ml Gemüsebrühe
- 250 g Bulgur
- 150 g griechischer Joghurt mit 0 % Fett
- 4 mittelgroße Eier, verquirlt
- 2 EL Schnittlauch, gehackt
- 3 Tomaten, in Scheiben
- 400 g gegarte grüne Bohnen

1 Öl in einem Topf erhitzen, Zwiebeln, Knoblauch und Paprika darin 8–10 Minuten dünsten. Thymian und Oregano unterrühren, weitere 5 Minuten dünsten. Tomatenstücke hineingeben, weitere 10 Minuten ohne Deckel kochen, dann Basilikum, Piment und Chili unterrühren.

2 Brühe angießen, aufkochen, Bulgur hinzufügen, die Hitze reduzieren und unter Rühren 10–15 Minuten köcheln lassen.

3 Den Herd ausschalten und den Topf 10 Minuten darauf stehen lassen. Gegebenenfalls die Flüssigkeit ohne Deckel noch mal bei schwacher Hitze verdampfen lassen. Mit Pfeffer abschmecken und abkühlen lassen.

4 Den Backofen auf 180 °C vorheizen. Joghurt, Eier und Schnittlauch verquirlen, mit Pfeffer abschmecken. Bulgur in eine Auflaufform geben, die Tomatenscheiben darauf verteilen und die Eiermischung darübergießen. Im Ofen in 30–35 Minuten goldbraun backen, mit grünen Bohnen servieren.

PRO PORTION: 334 kcal; 6 g Fett; 0,6 g gesättigte Fettsäuren; 61 g Kohlenhydrate; 5,1 BE; 6,1 KHE; 0,39 g Natrium

Schnelles Pfannengemüse ▸

Ein vegetarisches Gericht, das auch Fleischessern schmeckt und schnell zuzubereiten ist.

FÜR 2 PORTIONEN

- ½ TL Öl
- 250 g fester Tofu, in 3 cm große Stücke geschnitten
- 2 Knoblauchzehen, zerdrückt
- 3 cm Ingwer, geschält und gerieben
- 1 EL scharfe Chilisauce
- 250 g Butternut-Kürbis, in 1 cm große Würfel geschnitten
- 2 EL salzreduzierte Sojasauce
- 1 TL flüssiger Honig
- 175 g kleine Champignons, halbiert
- 4 Frühlingszwiebeln, in Ringe geschnitten
- 2 Köpfe Pak Choy, grob gehackt
- 1 Handvoll Koriandergrün
- 100 g Basmativollkornreis, gekocht

1 Eine große beschichtete Pfanne sehr hoch erhitzen und mit Öl einpinseln. Die Tofuwürfel darin portionsweise von allen Seiten goldbraun anbraten, dann herausnehmen und beiseitestellen.

2 Knoblauch, Ingwer, Chilisauce, Kürbis und 150 ml Wasser in die Pfanne geben und etwa 5 Minuten kochen, bis der Kürbis anfängt weich zu werden. Nach Bedarf mehr Wasser hinzufügen.

3 Sojasauce, Honig und Pilze dazugeben und 3 Minuten weiterkochen. Frühlingszwiebeln und Pak Choy in die Pfanne geben und den Tofu wieder hinzufügen. Etwa 2 Minuten garen, bis der Tofu heiß und der Pak Choy zusammengefallen ist. Zuletzt das Koriandergrün unterheben und sofort mit frisch gekochtem Reis servieren.

PRO PORTION: 282 kcal; 7 g Fett; 1 g gesättigte Fettsäuren; 39 g Kohlenhydrate; 3,3 BE; 3,9 KHE; 0,9 g Natrium

Perlgraupenrisotto mit Pilzen

Für dieses Gericht kann man auch Feldchampignons, Austern- oder Shiitakepilze oder eine beliebige Kombination verwenden. Servieren Sie dazu einen grünen Salat.

FÜR 4 PORTIONEN

- 3 TL Olivenöl
- 1 Zwiebel, fein gehackt
- 2 Knoblauchzehen, fein gehackt
- 1 TL frische Thymianblätter
- 1 Lorbeerblatt
- 350 g gemischte Pilze, in Scheiben geschnitten
- 250 g Perlgraupen, abgespült
- 75 ml Rotwein
- 750–900 ml Gemüsebrühe, erhitzt
- 175 g tiefgekühlte Erbsen, aufgetaut
- 100 g Baby-Spinat
- 3 EL gehackte glatte Petersilie
- gemahlener schwarzer Pfeffer

1 Das Öl in einem großen Topf erhitzen. Zwiebeln, Knoblauch, Thymian und Lorbeerblatt darin unter gelegentlichem Rühren 8–10 Minuten sanft dünsten. Wenn nötig einige Spritzer Wasser dazugeben.
2 Die Pilze dazugeben und weitere 4–5 Minuten dünsten, dabei wieder nach Bedarf Wasser hinzufügen. Die Perlgraupen unterrühren, den Wein angießen und kochen, bis er verdunstet ist.
3 Eine Schöpfkelle Brühe dazugeben und ohne Deckel köcheln lassen, bis sie aufgenommen wurde. Diesen Vorgang wiederholen, bis nach etwa 30 Minuten die Graupen weich sind.
4 Erbsen, Spinat und Petersilie hinzufügen und 5 Minuten köcheln lassen. Mehr Brühe hinzufügen, wenn man ein weicheres Risotto bevorzugt. Mit Pfeffer abschmecken.

PRO PORTION: 353 kcal; 6 g Fett; 1 g gesättigte Fettsäuren; 64 g Kohlenhydrate; 5,3 BE; 6,4 KHE; 0,44 g Natrium

GEWICHT HALTEN

Penne mit Artischocken und Rucolapesto

Ein Nudelgericht, für das man die meisten Zutaten zu Hause hat – man muss nur Feta und etwas Salat einkaufen.

FÜR 4 PORTIONEN

- 300 g Penne oder andere Nudeln
- 50 g Rucolasalat
- 25 g Baby-Spinat
- 1 EL Mandelblättchen, geröstet
- 2 Knoblauchzehen, gehackt
- ½ TL getrocknete rote Chiliflocken
- fein abgeriebene Schale und Saft von 1 unbehandelten Zitrone
- 1 EL Kapern, abgespült und abgetropft
- 2 EL fein geriebener Parmesan
- 300 g geröstete Artischocken aus dem Glas, abgetropft und halbiert
- 50 g Feta, zerbröselt
- gemahlener schwarzer Pfeffer

1 Die Nudeln nach Packungsanleitung al dente kochen. In der Zwischenzeit in der Küchenmaschine die Hälfte des Rucolas mit Spinat, Mandelblättchen, Knoblauch, Chiliflocken, Zitronenschale und -saft, Kapern und Parmesan zu einem Pesto verarbeiten und in eine Schüssel geben.
2 Die Nudeln abgießen, dabei 100 ml des Kochwassers auffangen. Das Wasser zum Pesto geben, dann Pesto und Artischocken mit den Nudeln vermischen und bei geringer Hitze auf dem Herd erwärmen.
3 Die restlichen Rucolablätter unterrühren und mit Pfeffer abschmecken. In angewärmte Schalen geben, mit Feta bestreuen und sofort servieren.

PRO PORTION: 444 kcal; 18 g Fett; 4 g gesättigte Fettsäuren; 60 g Kohlenhydrate; 5,0 BE; 6,0 KHE; 0,7 g Natrium

Spaghetti mit Zucchini, Ricotta, Basilikum und Zitrone ▸

Die Zucchini sollten noch bissfest sein. Probieren Sie zur Abwechslung einmal Dinkelspaghetti.

FÜR 4 PORTIONEN

- 300 g Spaghetti
- 1 EL Olivenöl
- 2 Knoblauchzehen, fein gehackt
- 2 Zucchini, in dünne Scheiben geschnitten
- fein abgeriebene Schale und Saft von 1 unbehandelten Zitrone
- 50 g Ricotta, zerbröselt
- 1 EL geriebener Parmesan
- 2 reife Tomaten, gewürfelt
- 8 Basilikumblätter, zerpflückt
- 1 EL Pinienkerne, geröstet
- gemahlener schwarzer Pfeffer

1 Die Nudeln in kochendem Wasser 1 Minute weniger als auf der Packung empfohlen kochen. Abgießen und etwas Kochwasser auffangen.
2 In der Zwischenzeit das Olivenöl in einer großen Bratpfanne erhitzen. Bei mittlerer Hitze Knoblauch und Zucchini etwa 3 Minuten anbraten, bis sie gerade Farbe annehmen, dabei regelmäßig wenden.
3 Die Nudeln und 3–4 EL des Kochwassers zu den Zucchini geben. Zitronenschale und -saft, beide Käsesorten, Tomaten, Basilikum und Pinienkerne dazugeben und vorsichtig untermischen. Mit Pfeffer abschmecken und sofort servieren.

PRO PORTION: 349 kcal; 8 g Fett; 2 g gesättigte Fettsäuren; 59 g Kohlenhydrate; 4,9 BE; 5,9 KHE; 0,04 g Natrium

Garnelen und Salat ▸

Die Aromen in diesem Salat passen hervorragend zusammen, ebenso wie der Kontrast zwischen den heißen Garnelen und dem kalten Salat.

FÜR 2 PORTIONEN

FÜR DIE GARNELEN

- 1 Knoblauchzehe, zerdrückt
- 2 cm Ingwer, geschält und gerieben
- 2 EL gehackter Koriander
- 1 EL gehackte Minze
- ¼ TL getrocknete Chiliflocken
- 2 TL flüssiger Honig
- 250 g geschälte Garnelen, wenn möglich mit Schwanzflossen, abgespült
- 60 g Basmativollkornreis, gekocht

FÜR DEN SALAT

- ½ Gurke, längs halbiert, entkernt und in 5 mm dicke Halbmonde geschnitten
- 1 kleine rote Zwiebel, halbiert und in dünne Ringe geschnitten
- 16 Kirschtomaten, halbiert
- 1 EL Sonnenblumenkerne
- 1 rote Chilischote, entkernt und in feine Ringe geschnitten
- 3 EL Korianderblätter
- 1 EL gehackte Minzblätter
- 1 EL zerpflückte Basilikumblätter
- 1 TL Fischsauce
- Saft von 1 Limette
- ½ TL feiner Rohrohrzucker

1 Knoblauch, Ingwer, Koriander, Minze, Chiliflocken und Honig zu einer glatten Paste pürieren. Alternativ Knoblauch, Ingwer und Kräuter sehr fein hacken und mit Chiliflocken und Honig verrühren. Die Garnelen mit dieser Paste vermischen, abdecken und im Kühlschrank zwischen 30 Minuten und 12 Stunden marinieren lassen.

2 Für den Salat in einer großen Schüssel Gurke, Zwiebel, Tomaten, Sonnenblumenkerne, Chili und Kräuter mischen und beiseitestellen. Fischsauce, Limettensaft und Zucker verrühren, bis der Zucker sich aufgelöst hat.

3 Einen Dämpfer oder einen Topf mit Dampfgareinsatz vorbereiten. Die Garnelen darin abgedeckt bei großer Hitze 4 Minuten dämpfen. Je nach Größe des Dämpfers muss das eventuell in zwei Portionen geschehen.

4 Kurz vor dem Servieren das Dressing mit dem Salat vermischen. Auf zwei Teller verteilen und mit den heißen Garnelen servieren. Den Reis dazureichen.

PRO PORTION: 296 kcal; 5 g Fett; 0,7 g gesättigte Fettsäuren; 37 g Kohlenhydrate; 3,1 BE; 3,7 KHE; 0,51 g Natrium

◂ Kabeljau mit dicken Bohnen und Chorizo

FÜR 4 PORTIONEN

- 50 g Chorizo, gewürfelt
- 1 Zwiebel, gehackt
- 1 Knoblauchzehe, zerdrückt
- 1 TL gehackter frischer Oregano
- 250 g geschälte frische oder tiefgekühlte dicke Bohnen (oder 125 g tiefgekühlte Sojabohnen)
- 400 g neue Kartoffeln, in 1 cm dicke Scheiben geschnitten
- je ½ TL gemahlener Kreuzkümmel und Koriander
- 1 TL Paprikapulver
- ½ TL Kurkuma
- je 2 TL flüssiger Honig und Zitronensaft
- 4 Kabeljaufilets mit Haut (à 150 g)
- ½ TL Olivenöl

1 Die Chorizo in einer beschichteten Pfanne leicht anbraten. Zwiebeln, Knoblauch und Oregano dazugeben und 5–7 Minuten anschwitzen, gegebenenfalls einige Spritzer Wasser dazugeben.
2 Bohnen, Kartoffeln und 150 ml Wasser hinzufügen. Mit einem nassen Stück Backpapier und dem Deckel abdecken, bei sehr schwacher Hitze 40 Minuten garen, nicht zu trocken werden lassen, wenn nötig mehr Flüssigkeit angießen.
3 Den Backofen auf 220 °C vorheizen. Die Gewürze mit dem Honig und genügend Zitronensaft zu einer dünnen Paste vermischen und die Fleischseite der Kabeljaufilets damit bestreichen.
4 Eine ofenfeste beschichtete Pfanne mit Olivenöl einpinseln. Die Fischfilets bei großer Hitze 5 Minuten auf der Hautseite anbraten, anschließend im Ofen in 10 Minuten garen.
5 Die Bohnenmischung auf vier angewärmte Teller verteilen und je ein Fischfilet darauf platzieren.

PRO PORTION: 292 kcal; 5 g Fett; 1 g gesättigte Fettsäuren; 27 g Kohlenhydrate; 2,3 BE; 2,7 KHE; 0,18 g Natrium

Gemüseeintopf

FÜR 4 PORTIONEN

- 3 TL Olivenöl
- 1 Zwiebel, fein gehackt
- 2 Lauchstangen, in 2 cm lange Stücke geschnitten
- 3 Knoblauchzehen, zerdrückt
- 1 Fenchelknolle (etwa 300 g), gehackt
- 75 g zarte Haferflocken
- 1,2 l Gemüsebrühe
- 200 g Kartoffeln, in 2 cm große Würfel geschnitten
- 400 g stückige Tomaten aus der Dose
- 2 große Zucchini, in 2 cm große Stücke geschnitten
- ½ Butternut-Kürbis, geschält und in 2 cm große Würfel geschnitten
- ½ Wirsing (etwa 350 g), grob gehackt
- 2 Thymianzweige
- 2 Lorbeerblätter
- 150 g Spinat, dicke Stiele entfernt
- ½ TL frisch geriebene Muskatnuss
- 1 Prise gemahlener Piment
- gemahlener schwarzer Pfeffer

1 Olivenöl in einem Bräter erhitzen, Zwiebeln, Lauch, Knoblauch und Fenchel darin 8–10 Minuten weich dünsten.
2 Haferflocken zum Gemüse geben, die Hitze etwas erhöhen und unter Rühren die Haferflocken leicht Farbe annehmen lassen. Vom Herd nehmen.
3 Brühe in einem großen Topf aufkochen, Kartoffeln und Tomaten dazugeben, 10 Minuten köcheln lassen. Zucchini, Kürbis, Wirsing, Thymian und Lorbeerblätter hinzufügen und weitere 10 Minuten köcheln lassen.
4 Spinat, Gewürze und Haferflocken unterheben und den Eintopf in etwa 10 Minuten eindicken lassen. Abschmecken und sofort servieren.

PRO PORTION: 332 kcal; 9 g Fett; 1 g gesättigte Fettsäuren; 47 g Kohlenhydrate; 3,9 BE; 4,7 KHE; 0,76 g Natrium

Steak mit Bohnen

FÜR 4 PORTIONEN

- 1 EL Dijonsenf
- 1 Schalotte, fein gehackt
- 2 EL kleine Kapern, abgespült
- 1 TL gehackte Anchovis oder Anchovispaste
- ¼ TL gemahlener schwarzer Pfeffer
- 2 EL stilles Mineralwasser
- fein abgeriebene Schale und Saft von 1 unbehandelten Zitrone
- 75 g kleine Nudeln
- 1 TL Olivenöl
- 1 Zwiebel, in dünnen Ringen
- 1 Msp. Chiliflocken
- 1 Knoblauchzehe, zerdrückt
- 800 g Cannellinibohnen aus der Dose, abgegossen
- 100 g Baby-Spinat
- 4 EL gehackte Petersilie
- 350 g mageres Rumpsteak, dick geschnitten

1 Für die Vinaigrette Senf, Schalotten, Kapern, Anchovis, Pfeffer, Wasser, Zitronenschale und -saft gut vermischen und beiseitestellen.
2 Die Nudeln al dente kochen. Olivenöl in einem Topf erhitzen, Zwiebeln, Chili und Knoblauch darin bei mittlerer Hitze 6–8 Minuten weich dünsten.
3 Die Bohnen unterrühren und erwärmen, dann Spinat und Petersilie unterheben und zusammenfallen lassen. Gekochte Nudeln und die Hälfte der Vinaigrette unterrühren.
4 Das Steak mit Pfeffer würzen und in einer vorgeheizten Grillpfanne auf beiden Seiten grillen, bis der gewünschte Gargrad erreicht ist, 5 Minuten ruhen lassen, dann in dünne Scheiben schneiden.
5 Die Bohnen auf Teller verteilen, Steakstreifen darauflegen und mit der restlichen Vinaigrette und dem Bratsud beträufeln.

PRO PORTION: 304 kcal; 6 g Fett; 2 g gesättigte Fettsäuren; 35 g Kohlenhydrate; 2,9 BE; 3,5 KHE; 0,43 g Natrium

Orientalischer Hühnchensalat ▸

FÜR 2 PORTIONEN

FÜR DAS DRESSING

- 4 EL Limettensaft
- 1 EL Fischsauce
- 2 Bird-Eye-Chilischoten, entkernt und fein gehackt
- 2 Knoblauchzehen, zerdrückt
- 2 TL flüssiger Honig

FÜR DEN SALAT

- 1 mittelgroßes Hähnchenbrustfilet, gekocht und fein zerrupft
- 1 große Schalotte, in feine Ringe geschnitten
- 100 g Sojasprossen
- 150 g Chinakohl, fein gerieben
- 1 große Karotte, in sehr dünne Scheiben geschnitten
- ½ Gurke, längs halbiert, entkernt und in 5 mm dicke Scheiben geschnitten
- 100 g Kirschtomaten, halbiert
- 8 Radieschen, in dünne Scheiben geschnitten
- 1 Handvoll Korianderblätter
- 1 EL zerpflückte Minze
- 20 g geröstete, ungesalzene Erdnüsse, gehackt
- 50 g Reisnudeln, nach Packungsanleitung zubereitet und abgetropft

1 Für das Dressing alle Zutaten gut mischen und 30 Minuten ziehen lassen.
2 Alle Zutaten für den Salat (außer den Reisnudeln) in einer Schüssel vermischen, kurz vor dem Servieren das Dressing mit dem Salat verrühren.
3 Die Nudeln in zwei große Schalen geben und den Salat darauf verteilen.

PRO PORTION: 337 kcal; 9 g Fett; 2 g gesättigte Fettsäuren; 39 g Kohlenhydrate; 3,3 BE; 3,9 KHE; 0,66 g Natrium

◂ Lammeintopf mit weißen Bohnen

Ein großartiges Wintergericht, einfach zuzubereiten und sehr sättigend. Übrig gebliebener Eintopf kann eingefroren werden.

FÜR 4 PORTIONEN

- ½ TL Olivenöl
- 300 g sehr mageres Lammfleisch (aus der Keule oder Nackenfilet), gewürfelt
- 1 Zwiebel, grob gehackt
- 2 Selleriestangen, in 2 cm langen Stücken
- 2 Karotten, in 2 cm langen Stücken
- 2 Knoblauchzehen, in Scheiben
- 2 Rosmarinzweige
- 1 EL Worcestershiresauce
- 400 g stückige Tomaten aus der Dose
- 2 Lorbeerblätter
- 400 g Augenbohnen aus der Dose, abgegossen
- 300 g Wirsing, grob gehackt
- gemahlener schwarzer Pfeffer

1 Den Backofen auf 180 °C vorheizen. Einen Bräter sehr hoch erhitzen, dünn mit Öl einpinseln und das Fleisch darin portionsweise rundum bräunen, dann beiseitestellen.
2 Zwiebeln, Sellerie, Karotten, Knoblauch und Rosmarin in den Bräter geben, einige Spritzer Wasser hinzufügen und in 8–10 Minuten anschwitzen.
3 Das Fleisch zurück in den Bräter geben, Worcestershiresauce, Tomaten, Lorbeerblätter und 300 ml Wasser dazugeben, gut vermengen. Abdecken und im Ofen 45 Minuten garen, dann Bohnen und Wirsing dazugeben und nach Bedarf Wasser nachfüllen. Weitere 15 Minuten in den Ofen geben.

PRO PORTION: 316 kcal; 8 g Fett; 2 g gesättigte Fettsäuren; 35 g Kohlenhydrate; 2,9 BE; 3,5 KHE; 0,21 g Natrium

Andalusischer Eintopf mit Schweinefleisch

Wer keine Blutwurst mag, kann stattdessen insgesamt 300 g Schweinefilet verwenden. Reste lassen sich gut einfrieren.

FÜR 4 PORTIONEN

- ½ TL Olivenöl
- 200 g Schweinefilet, in 3 cm großen Würfeln
- 1 Zwiebel, grob gehackt
- 2 Selleriestangen, gehackt
- 2 Karotten, in dünnen Scheiben
- 3 Knoblauchzehen, fein gehackt
- 125 g grüne Bohnen, geputzt
- 500 ml Hühnerbrühe
- 400 g Kichererbsen aus der Dose, abgegossen
- 400 g Cannellinibohnen aus der Dose, abgegossen
- 100 g Blutwurst, gewürfelt
- 4 geröstete Paprika aus dem Glas, gut abgespült
- gemahlener schwarzer Pfeffer

1 Eine große beschichtete Pfanne hoch erhitzen und mit Öl einpinseln. Das Fleisch darin rundum bräunen. Herausnehmen und beiseitestellen.
2 Zwiebeln, Sellerie und Karotten in die Pfanne geben und anschwitzen, gegebenenfalls etwas Wasser hinzufügen. Knoblauch, Bohnen und Brühe unterrühren und 8–10 Minuten köcheln lassen.
3 Das Fleisch zurück in die Pfanne geben. Kichererbsen und Bohnen dazugeben und wieder aufkochen. Bei geringer Hitze abgedeckt 2–3 Minuten sanft köcheln lassen.
4 In der Zwischenzeit die Blutwurst in einer beschichteten Pfanne ohne Öl anbraten. Blutwurst und Paprikastreifen zum Eintopf geben und weitere 5 Minuten garen. Mit Pfeffer abschmecken.

PRO PORTION: 350 kcal; 11 g Fett; 1 g gesättigte Fettsäuren; 38 g Kohlenhydrate; 3,2 BE; 3,8 KHE; 0,8 g Natrium

GEWICHT HALTEN

Thunfisch mit Erbsenpüree

FÜR 4 PORTIONEN

- 1 TL edelsüßes Paprikapulver
- 1 TL grob gemahlener schwarzer Pfeffer
- 1 TL Olivenöl
- 4 dicke Thunfischfilets à 100 g
- 150 ml Hühnerbrühe
- 250 g tiefgekühlte Erbsen
- 800 g Kichererbsen aus der Dose, abgegossen
- 100 g Brunnenkresse, dicke Stiele entfernt
- Zitronensaft und Rotweinessig zum Abschmecken

1 Den Backofen auf 220 °C vorheizen. Paprika, Pfeffer und die Hälfte des Öls mischen, die Thunfischfilets damit einreiben. Ein Backblech dünn mit Öl einpinseln, den Fisch darauflegen und im Ofen garen (medium-rare: 4–5 Minuten, durchgegart: 7–8 Minuten).

2 Die Brühe in einem Topf aufkochen, Erbsen hineingeben, 2 Minuten kochen, Kichererbsen unterrühren und köcheln lassen, bis die Flüssigkeit fast komplett aufgenommen ist.

3 Vom Herd nehmen, grob mit einem Kartoffelstampfer zu Püree verarbeiten und mit Zitronensaft und Pfeffer abschmecken.

4 Thunfisch auf dem Erbsenpüree anrichten, die Brunnenkresse mit Zitronensaft beträufeln und dazureichen.

PRO PORTION: 312 kcal; 7 g Fett; 1 g gesättigte Fettsäuren; 27 g Kohlenhydrate; 2,3 BE; 2,7 KHE; 0,2 g Natrium

GEWICHT HALTEN

Makrele mit Kräutern ▸

FÜR 4 PORTIONEN

- 4 kleine Makrelen à 180 g
- 1 Scheibe Hafer-Leinsamen-Brot (s. S. 49)
- je 1 EL gehackte glatte Petersilie und Koriander
- fein abgeriebene Schale von je 1 unbehandelten Zitrone und Orange
- je ½ TL gemahlener Kreuzkümmel und gemahlener Koriander
- 1 Msp. Chiliflocken
- ½ TL Olivenöl
- 100 ml Fisch- oder Hühnerbrühe
- 600 g neue Kartoffeln, gekocht
- 6–8 mittelgroße Tomaten, in Scheiben
- ½ mittelgroße rote Zwiebel, in sehr dünnen Ringen
- je 1 EL gehackte Petersilie und Koriandergrün
- 2 TL Orangen- oder Zitronensaft
- gemahlener schwarzer Pfeffer

1 Den Backofen auf 200 °C vorheizen. Die Makrelen waschen, trocken tupfen, die Köpfe entfernen. Die Fische aufklappen, mit der Hautseite nach oben legen, am Rückgrat entlang fest auf die Arbeitsfläche drücken, um die Gräten zu lösen. Das Rückgrat mit den Gräten vorsichtig abziehen, am Schwanz abschneiden, sodass die Schwanzflosse am Filet bleibt.

2 In der Küchenmaschine Brot mit Kräutern, Zitrusschale, Gewürzen, Chiliflocken und Olivenöl zu feinen Brotkrumen verarbeiten.

3 Die Makrelen mit der Hautseite nach unten in eine Auflaufform legen und die Brotkrumen auf den Filets verteilen.

4 Die Brühe um die Makrelen herum-, aber nicht darübergießen, im Ofen 8–10 Minuten garen.

5 Für den Salat Tomaten, Zwiebeln, Kräuter und Zitrussaft mischen. Die Makrelen mit dem Bratsud und dem Salat servieren.

PRO PORTION: 430 kcal; 22 g Fett; 4 g gesättigte Fettsäuren; 33 g Kohlenhydrate; 2,8 BE; 3,3 KHE; 0,23 g Natrium

Seezunge mit Kräuter-Nuss-Kruste

Für dieses Rezept können Sie Seezunge oder Rotzunge verwenden. Rotzunge ist günstiger und für dieses Rezept bestens geeignet.

FÜR 4 PORTIONEN

FÜR DIE BEILAGE

- ½ TL Olivenöl
- ½ TL fein gehackter Rosmarin
- 1 Msp. Paprikapulver
- 1 Msp. gemahlener schwarzer Pfeffer
- 350 g neue Kartoffeln, in je 4 Spalten geschnitten und gekocht
- 250 g junge Saubohnen, frisch oder tiefgekühlt
- 125 g Erbsen, frisch oder tiefgekühlt

FÜR DEN FISCH

- 1 EL gehackter Schnittlauch
- 2 EL gehackte glatte Petersilie
- 1 TL Rosmarin
- 1 Scheibe Körnerbrot vom Vortag, ohne Kruste
- Saft von ½ Zitrone
- 15 g geröstete Haselnüsse oder Mandelblättchen, gehackt
- 2 TL Mehl
- 1 Msp. Paprikapulver
- 1 Msp. gemahlener schwarzer Pfeffer
- 4 Seezungen- oder Rotzungenfilets à 100 g, mit Haut
- 1 Ei, verquirlt
- ½ TL Olivenöl
- Zitronenspalten zum Servieren

1 Den Backofen auf 200 °C vorheizen. Öl mit Rosmarin, Paprika und gemahlenem Pfeffer mischen, mit den Kartoffeln vermengen und auf ein mit Backpapier ausgelegtes Backblech geben.

2 Die Kartoffeln in etwa 20 Minuten knusprig backen, dabei gelegentlich wenden. In der Zwischenzeit die Saubohnen und Erbsen kochen – etwa 3 Minuten bei Tiefkühlgemüse oder bis zu 10 Minuten bei frischem. Abgießen, mit den Kartoffeln vermischen und warm halten.

3 Für den Fisch Schnittlauch, Petersilie, Rosmarin, Brot und Zitronensaft in der Küchenmaschine zu feinen Brotkrumen verarbeiten. Die Nüsse unterrühren und beiseitestellen.

4 Mehl mit Paprikapulver und schwarzem Pfeffer würzen und die Fleischseite der Filets damit bestäuben. Das verquirlte Ei auf einen Teller geben, die Nuss-Brotkrumen-Mischung auf einen zweiten. Die Fleischseite der Filets zuerst in das Ei tauchen, dann mit Brotkrumen panieren, dabei leicht andrücken, damit der Fisch gleichmäßig paniert ist.

5 Eine große ofenfeste und wenn möglich beschichtete Pfanne erhitzen und ganz leicht mit Olivenöl einpinseln. Den Fisch mit der Hautseite in die Pfanne geben und 3 Minuten braten. Filets wenden, Pfanne in den Ofen geben und weitere 6 Minuten garen.

6 Das Gemüse auf vier angewärmte Teller verteilen und den Fisch darauflegen. Mit Zitronenspalten zum Beträufeln servieren.

PRO PORTION: 297 kcal; 8 g Fett; 2 g gesättigte Fettsäuren; 29 g Kohlenhydrate; 2,4 BE; 2,9 KHE; 0,19 g Natrium

GEWICHT HALTEN

▲ Forelle in Kartoffel-Artischocken-Eintopf

FÜR 4 PORTIONEN

- 260 g geröstete Artischocken aus dem Glas, abgegossen (3 EL des Öls zum Kochen aufbewahren)
- fein abgeriebene Schale und Saft von 1 unbehandelten Zitrone
- 450 ml Gemüsebrühe
- 1 EL gehackter Thymian
- 750 g neue Kartoffeln, gewürfelt
- 400 g tiefgekühlte Erbsen
- 400 g Lachsforellenfilet, in 2 cm große Würfel geschnitten
- 4 EL gehackte glatte Petersilie
- gemahlener schwarzer Pfeffer

1 Artischocken, Zitronenschale und -saft, Brühe, Thymian und Kartoffeln in einen breiten, flachen Bräter geben und abgedeckt bei mittlerer Hitze etwa 25 Minuten kochen, bis die Kartoffeln weich sind. Wenn nötig, etwas Wasser dazugeben.

2 Erbsen und Forelle dazugeben und weitere 5–7 Minuten garen, bis der Fisch gerade gar ist. Mit Pfeffer abschmecken und mit Petersilie bestreuen. In angewärmten Schalen servieren.

PRO PORTION: 445 kcal; 18 g Fett; 3 g gesättigte Fettsäuren; 42 g Kohlenhydrate; 3,5 BE; 4,2 KHE; 0,67 g Natrium

Muscheln in scharfer Tomatensauce

Die Muscheln in reichlich Wasser gut schrubben, die Bärte entfernen und Muscheln mit zerbrochenen Schalen oder solche, die sich beim Daraufklopfen nicht schließen, wegwerfen.

FÜR 2 PORTIONEN

- 1 TL Olivenöl
- 1 Zwiebel, fein gewürfelt
- 2 Knoblauchzehen, zerdrückt
- ½ TL Chiliflocken
- 1 TL gemahlener Kreuzkümmel
- 1 TL gemahlener Koriander
- ½ TL Kurkuma
- 100 ml trockener Weißwein
- 400 g stückige Tomaten aus der Dose
- 1 kg Miesmuscheln, gründlich gesäubert
- 2 EL gehackte Petersilie
- fein abgeriebene Schale von 1 unbehandelten Zitrone
- 2 Scheiben Hafer-Leinsamen-Brot, getoastet (s. S. 49)

1 Olivenöl in einem tiefen Topf erhitzen, die Zwiebel darin 6 Minuten glasig dünsten. Die Hälfte des Knoblauchs, alle Chiliflocken und Gewürze dazugeben und weitere 2 Minuten anbraten, dabei regelmäßig umrühren. Weißwein dazugeben und 3–4 Minuten erhitzen, dann die Tomaten hinzufügen und aufkochen.

2 Die Muscheln hineingeben und abgedeckt bei großer Hitze 4–6 Minuten garen, dabei gelegentlich den Topf schütteln, ungeöffnete Muscheln entfernen, die restlichen Muscheln aus dem Sud schöpfen und auf Tellern anrichten.

3 Restlichen Knoblauch, Petersilie und Zitronenschale in den Sud rühren, 1 Minute kochen und über die Muscheln gießen. Mit Körnerbrot servieren.

PRO PORTION: 335 kcal; 8 g Fett; 1 g gesättigte Fettsäuren; 36 g Kohlenhydrate; 3,0 BE; 3,6 KHE; 0,72 g Natrium

Gebackene Sardinen mit Tomaten

FÜR 4 PORTIONEN

- 2 mittelgroße Süßkartoffeln (etwa 600 g), geschält und in Stücke geschnitten
- fein abgeriebene Schale und Saft von ½ unbehandelten Zitrone
- 2 TL frischer Thymian
- ½ TL gemahlener schwarzer Pfeffer
- 8 mittelgroße Sardinen, filetiert (etwa 400 g Filetgewicht)
- 4 kleine Tomaten
- 65 g fettarmer Mozzarella, gewürfelt
- 100 g Baby-Spinatblätter zum Servieren
- frisch gemahlener schwarzer Pfeffer

1 Den Backofen auf 220 °C vorheizen. Süßkartoffeln mit Zitronensaft, 1 TL Thymian und Pfeffer mischen, auf ein mit Backpapier ausgelegtes Backblech geben und in 40 Minuten garen, dabei gelegentlich wenden.
2 Köpfe und Innereien der Sardinen entfernen, die Fische gründlich waschen. Die schwarze Membran an der Innenseite der Bauchhöhle sowie Rückgrat und Gräten entfernen.
3 Tomaten würfeln, in ein Sieb geben, den Saft auffangen. Die Sardinen mit der Hautseite nach unten auf ein mit Backpapier ausgelegtes Backblech legen und mit schwarzem Pfeffer würzen.
4 Tomatenwürfel, Zitronenschale, Mozzarella und Thymian mischen und auf die Fischfilets häufen. Im Ofen 10 Minuten backen.
5 Aufgefangenen Tomatensaft mit den Süßkartoffeln vermengen und zurück in den Ofen geben, während der Fisch gart. Sardinen mit Süßkartoffeln und je einer Handvoll Spinatblätter servieren.

PRO PORTION: 339 kcal; 12 g Fett;
3 g gesättigte Fettsäuren; 34 g Kohlenhydrate;
2,8 BE; 3,4 KHE; 0,23 g Natrium

GEWICHT HALTEN

Thunfischsalat mit Grapefruit und Avocado ▸

FÜR 2 PORTIONEN

- 1 Pink Grapefruit
- 1 kleine Avocado, Fruchtfleisch gewürfelt
- 400 g Cannellinibohnen aus der Dose, abgegossen
- 200 g Thunfisch in Wasser, abgegossen und zerpflückt
- 50 g Baby-Spinat
- 1 EL Himbeeressig
- ½ mittelgroße rote Zwiebel, fein gewürfelt
- 1 TL flüssiger Honig
- 2 TL Fischsauce
- 1 EL gehackter Koriander
- 1 TL gehackte Minze
- 2 Scheiben Hafer-Leinsamen-Brot, getoastet (s. S. 49)

1 Mit einem kleinen gezahnten Messer die Grapefruit inklusive der weißen Innenhäute schälen. Zwischen die Membranen schneiden und vorsichtig die Grapefruitfilets herauslösen. Dabei über einer Schüssel arbeiten und alle Reste auspressen, um den Saft aufzufangen. Es sollten etwa 4 EL Saft übrig bleiben. Die Grapefruitfilets in eine Schüssel geben und den Saft beiseitestellen.
2 Avocado, Bohnen und Thunfisch mit den Grapefruitstücken vermischen.
3 Essig, Zwiebeln, Honig, Fischsauce, Kräuter und den aufgefangenen Grapefruitsaft vermengen und über den Salat gießen. Die Spinatblätter unterheben und sofort mit Brot servieren.

PRO PORTION: 441 kcal; 14 g Fett;
2 g gesättigte Fettsäuren; 49 g Kohlenhydrate;
4,1 BE; 4,9 KHE; 0,6 g Natrium

GEWICHT HALTEN

Pochierter Lachs mit Tahinisauce und Auberginensalat

Pochierter Lachs bleibt schön saftig. Die Aubergine kann alternativ auch in der Mikrowelle gegart werden – dazu mehrfach einstechen, auf höchster Stufe 5 Minuten garen und hacken, sobald sie etwas abgekühlt ist.

FÜR 4 PORTIONEN

FÜR DEN AUBERGINENSALAT

- 25 g Walnüsse
- 1 EL Sesam
- 1 mittelgroße Aubergine, in 2 cm große Würfel geschnitten
- 1 Tomate, gewürfelt
- 1 kleine rote Zwiebel, fein gewürfelt
- 1 Handvoll glatte Petersilie, fein geschnitten
- 1 Handvoll Koriandergrün, fein geschnitten
- 1 Handvoll Bockshornkleeblätter (nach Geschmack)
- 1 Knoblauchzehe, zerdrückt
- ½ TL Sumak (nach Geschmack)
- Saft von 1 Zitrone
- gemahlener schwarzer Pfeffer

FÜR DEN LACHS

- 2 Zwiebeln, in Ringe geschnitten
- 4 Lachsfilets à 125 g
- 100 g Bulgur, nach Packungsanleitung zubereitet

FÜR DIE TAHINISAUCE

- 150 g griechischer Joghurt mit 0 % Fett
- 1 EL Tahini
- 1 Knoblauchzehe, zerdrückt
- ½ TL gemahlener schwarzer Pfeffer
- Zitronensaft nach Geschmack

1. Für den Auberginensalat den Backofen auf 180 °C vorheizen. Walnüsse und Sesam auf ein Blech streuen und 8–10 Minuten rösten, dabei das Backblech gelegentlich rütteln, damit sie gleichmäßig bräunen. Abkühlen lassen und grob hacken.
2. Die Auberginenwürfel 10 Minuten weich dämpfen. In einem Sieb abtropfen lassen, anschließend vorsichtig pressen, um einen Teil des Wassers zu entfernen. Kurz vor dem Servieren mit den restlichen Salatzutaten vermischen.
3. Für den Lachs 750 ml Wasser und die Zwiebeln in einen breiten, flachen Topf geben. Zum Köcheln bringen und die Lachsfilets darin 10 Minuten abgedeckt pochieren. Vorsichtig herausheben und auf Küchenpapier abtropfen lassen. Leicht abkühlen lassen, die Haut abziehen und nach Wunsch das dunkle Fleisch an der Unterseite vorsichtig wegkratzen.
4. In der Zwischenzeit für die Tahinisauce alle Zutaten zu einer glatten und cremigen Sauce verquirlen.
5. Den Lachs bei Zimmertemperatur mit Bulgur, Salat und Tahinisauce servieren.

PRO PORTION: 446 kcal; 21 g Fett; 4 g gesättigte Fettsäuren; 30 g Kohlenhydrate; 2,5 BE; 3,0 KHE; 0,09 g Natrium

GEWICHT HALTEN

Schnelles Hühnchencurry ▸

Dies ist ein köstliches leichtes Curry, perfekt für ein schnelles Abendessen unter der Woche. Wenn man eine doppelte Portion zubereitet, kann man die Hälfte einfrieren und an einem anderen Tag auftauen. Nur den Reis sollte man frisch kochen.

FÜR 4 PORTIONEN

- 1 EL Rapsöl
- 1 Zwiebel, in Scheiben geschnitten
- 1 TL fein gehackter Knoblauch
- 1 TL geriebener Ingwer
- 2 grüne Chilischoten, entkernt und fein gehackt
- 2 große Zucchini (etwa 400 g), längs halbiert und in Scheiben geschnitten
- 1 TL Kurkuma
- 3 Tomaten, in je 8 Spalten geschnitten
- 150 g tiefgekühlte Erbsen
- 400 g gekochtes Hühnchenfleisch, in mundgerechte Stücke geschnitten
- 100 g Baby-Spinat
- 4 EL gehackter Koriander
- 1 EL Garam Masala
- 150 g Basmativollkornreis, gekocht

1 Das Öl in einer großen beschichteten Pfanne oder einem Wok erhitzen. Die Zwiebel darin abgedeckt bei mittlerer Hitze 8–10 Minuten weich dünsten. Knoblauch, Ingwer und Chilis unterrühren und erneut 1 Minute dünsten.

2 Zucchini, Kurkuma und 4 EL Wasser dazugeben. Bei geringer Hitze etwa 10 Minuten bissfest garen, dabei gelegentlich umrühren.

3 Tomaten unterrühren, abdecken und 4–5 Minuten köcheln lassen.

4 Erbsen, Hühnchen, Spinat, Koriander, Garam Masala und 4–6 EL Wasser dazugeben. Etwa 5 Minuten erhitzen, bis das Hühnchen heiß und der Spinat zusammengefallen ist. Mit frisch gekochtem Basmatireis servieren.

PRO PORTION: 427 kcal; 13 g Fett; 3 g gesättigte Fettsäuren; 44 g Kohlenhydrate; 3,7 BE; 4,4 KHE; 0,13 g Natrium

GEWICHT HALTEN

Gegrillte Hähnchenbrust mit Spinat und Linsen ▸

Zum gesunden Abschluss eines Tages – eine gegrillte Hähnchenbrust voller Aroma.

FÜR 4 PORTIONEN

FÜR DEN MANGOJOGHURT

- 1 mittelgroße Mango, in 1 cm große Würfel geschnitten
- 1 rote Chilischote, entkernt und fein gewürfelt
- ½ EL gehackte Minze
- 1 EL Mangochutney
- 1 TL Currypaste
- 150 g griechischer Joghurt mit 0 % Fett

FÜR DIE HÄHNCHENBRUST

- ½ TL gemahlener Kreuzkümmel
- ½ TL gemahlener Koriander
- ½ TL gemahlener schwarzer Pfeffer
- 4 Hähnchenbrustfilets à 125 g, ohne Haut
- ½ TL Olivenöl
- 25 g geröstete ungesalzene Erdnüsse, gehackt

FÜR DEN SPINAT

- 175 g rote Linsen
- 1 EL Erdnuss- oder Rapsöl
- 3 Knoblauchzehen, mit der breiten Seite eines großen Messers zerquetscht
- 1 getrocknete Chilischote
- 500 g Baby-Spinat
- 1 EL salzreduzierte Sojasauce

1 Zuerst den Mangojoghurt vorbereiten. Dafür zunächst Mango, Chili und Minze mischen. Chutney und Currypaste verrühren und unter den Joghurt heben. Joghurt und Mango mischen und mindestens 30 Minuten ruhen lassen, damit sich die Aromen entfalten können.

2 Den Ofengrill auf höchster Stufe erhitzen. Die drei Gewürze mischen und die Filets damit beidseitig würzen. Hühnchen leicht mit Öl einpinseln und unter dem vorgeheizten Grill von beiden Seiten je 8 Minuten grillen. Beiseitestellen und warm halten.

3 In der Zwischenzeit für den Spinat die Linsen in kochendem Wasser in 7–8 Minuten al dente kochen und abgießen. Einen großen Wok sehr heiß erhitzen, Öl, Knoblauch und Chili hineingeben und braten, bis der Knoblauch goldbraun ist und die Chili sich dunkel verfärbt hat. Knoblauch und Chili herausnehmen, den Spinat nach und nach hineingeben und bei großer Hitze zusammenfallen lassen. Linsen und Sojasauce unterrühren und mit Pfeffer abschmecken.

4 Die Spinatmischung auf vier angewärmte Teller verteilen. Hühnchen in Scheiben schneiden und auf dem Spinat anrichten. Mit Erdnüssen bestreuen und den Mangojoghurt dazu servieren.

PRO PORTION: 443 kcal; 10 g Fett; 2 g gesättigte Fettsäuren; 40 g Kohlenhydrate; 3,3 BE; 4,0 KHE; 0,53 g Natrium

GEWICHT HALTEN

◂ Würstchen mit Bohnen und Paprika

Ein großartiger Weg, um mehr aus ein paar Würstchen zu machen. Wählen Sie Würstchen von guter Qualität mit hohem Fleischanteile und wenig Fett.

FÜR 2 PORTIONEN

- 4 magere Schweinefleischwürstchen, in 2–3 cm lange Stücke geschnitten
- ½ TL Öl
- 1 Zwiebel, grob gehackt
- 4 Knoblauchzehen, fein gehackt
- 300 g geröstete rote Paprika aus dem Glas, abgegossen und grob gehackt
- 400 g Cannellinibohnen aus der Dose, abgegossen
- 150 g Baby-Spinat
- 4 EL gehackte glatte Petersilie
- fein abgeriebene Schale und Saft von ½ unbehandelten Zitrone
- gemahlener schwarzer Pfeffer

1 Den Ofengrill vorheizen, die Würstchenstücke darunter rundum bräunen. Herausnehmen und beiseitestellen.
2 Eine große beschichtete Pfanne erhitzen, mit Öl einpinseln, Zwiebel und die Hälfte des Knoblauchs darin bei mittlerer Hitze etwa 8 Minuten glasig dünsten, gegebenenfalls einige Spritzer Wasser hinzufügen.
3 Paprika, Bohnen und 4 EL Wasser dazugeben und 5 Minuten garen. Würstchen und Spinat hinzufügen und weitere 5 Minuten köcheln lassen.
4 Im Mörser oder in der Küchenmaschine den restlichen Knoblauch mit Petersilie, Zitronensaft und -schale zu einer Paste verarbeiten. In die Pfanne geben und unterrühren. Mit Pfeffer abschmecken und sofort servieren.

PRO PORTION: 393 kcal; 9 g Fett;
2 g gesättigte Fettsäuren; 47 g Kohlenhydrate;
3,9 BE; 4,7 KHE; 0,86 g Natrium

Reisnudeln mit Hühnchen, Garnelen und Tintenfisch

FÜR 4 PORTIONEN

- 250 g Reisnudeln
- ½ TL Rapsöl
- 4 Knoblauchzehen, zerdrückt
- 2 rote Chilischoten, entkernt und fein gewürfelt
- 1 Hähnchenbrustfilet ohne Haut, in feine Streifen geschnitten
- 1 mittelgroßes Ei, verquirlt
- 1 EL salzreduzierte Sojasauce
- 1 EL Austernsauce
- 100 g Zuckerschoten, in feine Streifen geschnitten
- 100 g Wirsing, in feine Streifen geschnitten
- 50 g Sojasprossen
- 180 g geputzter Tintenfisch, in 2 cm breite Streifen geschnitten
- 8 geschälte rohe Garnelen
- 4 Frühlingszwiebeln, in 1 cm lange Stifte geschnitten
- 1 Handvoll Koriandergrün

1 Reisnudeln in eine hitzebeständige Schüssel geben, kochendes Wasser darübergießen und 1–2 Minuten ziehen lassen. Abgießen und beiseitestellen.
2 Einen beschichteten Wok oder eine Pfanne sehr hoch erhitzen, mit Öl einpinseln, Knoblauch und Chili darin unter Rühren 30 Sekunden anbraten. Hühnchen und Nudeln untermischen und unter Rühren 2 Minuten anbraten. Das verquirlte Ei untermischen.
3 Sojasauce, Austernsauce, Zuckerschoten und Wirsing unter Rühren 2 Minuten garen.
4 Sprossen, Tintenfisch und Garnelen dazugeben, 3–4 Minuten braten, bis die Garnelen gerade rosa sind. Sofort mit Frühlingszwiebeln und Korianderblättern garniert servieren.

PRO PORTION: 325 kcal; 4 g Fett;
0,7 g gesättigte Fettsäuren; 47 g Kohlenhydrate;
3,9 BE; 4,7 KHE; 0,46 g Natrium

GEWICHT HALTEN

Rehschnitzel auf jungem Grünkohl mit Brombeersauce ▸

Die Rehsteaks in diesem Rezept werden zu flachen Schnitzeln geklopft – so werden sie zarter und garen schneller. Am einfachsten ist es, das Fleisch zwischen zwei Lagen Frischhaltefolie zu legen und mit einem Nudelholz oder Holzhammer von der Mitte nach außen flach zu klopfen.

FÜR 4 PORTIONEN

- 300 ml Rinderbrühe
- 250 g Brombeeren
- 3 EL Apfelessig
- 1 EL Oliven- oder Rapsöl
- 4 Frühlingszwiebeln, gehackt
- 500 g junger Grünkohl, in feine Streifen geschnitten
- 25 g Mandelblättchen, geröstet
- 4 Rehsteaks à 125 g aus Rücken oder Keule, sehr flach geklopft
- 1 EL Johannisbeergelee
- 400 g neue Kartoffeln, gekocht und abgegossen
- gemahlener schwarzer Pfeffer

1 Von der Brühe 4 EL beiseitestellen. Den Rest mit der Hälfte der Brombeeren und Apfelessig glatt pürieren, dann durch ein feines Sieb geben, um die Kerne zu entfernen.

2 Brombeerpüree in einen Topf geben und bei mittlerer Hitze etwa 15 Minuten köcheln lassen, bis es auf etwa 200 ml eingekocht ist. Anschließend beiseitestellen.

3 Die Hälfte des Öls in einem großen Topf erhitzen und die Frühlingszwiebeln darin 1 Minute anbraten. Die beiseitegestellte Brühe und den Grünkohl dazugeben und umrühren. Abdecken und bei mittlerer Hitze 7 Minuten dünsten, bis der Kohl zusammengefallen ist. Die Mandelblättchen unterheben.

4 In der Zwischenzeit das restliche Öl in einer großen beschichteten Pfanne erhitzen. Die Rehschnitzel großzügig mit Pfeffer würzen und bei großer Hitze 1 ½ Minuten auf jeder Seite anbraten. Wenn nötig in zwei Portionen braten. Beiseitestellen und warm halten.

5 Johannisbeergelee mit einigen Löffeln Brombeersauce in die Pfanne geben und den Bratensatz lösen. Die restliche Brombeersauce und die ganzen Beeren hinzufügen und erhitzen, bis sich das Gelee gelöst hat. Abschmecken.

6 Den Grünkohl auf vier angewärmte Teller verteilen. Brombeeren und Sauce um den Kohl verteilen, je ein Rehschnitzel darauflegen und mit neuen Kartoffeln servieren.

PRO PORTION: 400 kcal; 13 g Fett; 1 g gesättigte Fettsäuren; 35 g Kohlenhydrate; 2,9 BE; 3,5 KHE; 0,27 g Natrium

Sonntagsschmorbraten

Dieser Schmorbraten hat weniger Kalorien als die Standardversion und wird sicher eines ihrer Lieblingsrezepte werden. Chantenay-Karotten sind klein und süß, Sie können auch normale Karotten verwenden, diese dann in mundgerechte Stücke zerteilen.

FÜR 6 PORTIONEN

- 1 kg Schweinelendenbraten ohne Haut und ohne Knochen
- 2 TL getrockneter Salbei
- 2 große Zwiebeln, jeweils in 8 Spalten geschnitten
- 500 g Süßkartoffeln, in Stücken
- 500 g Chantenay-Karotten, gesäubert, oder in Stücke geschnittene große Karotten
- 300 ml Apfelsaft
- 2 Äpfel, entkernt und jeweils in 8 Spalten geschnitten
- 400 g dünne grüne Bohnen, gekocht
- gemahlener schwarzer Pfeffer

1 Den Backofen auf 190 °C vorheizen. Den Braten mit der Hälfte des Salbeis bestreuen und mit Pfeffer würzen. In einen Bräter geben, abdecken und 30 Minuten garen.
2 Zwiebeln, Süßkartoffeln, Karotten, Apfelsaft und den Rest des Salbeis dazugeben und für weitere 45 Minuten in den Ofen geben.
3 Die Apfelspalten hinzufügen und wieder 15 Minuten garen. Aus dem Ofen nehmen und das Fleisch vor dem Schneiden 15 Minuten ruhen lassen. Mit grünen Bohnen servieren.

PRO PORTION: 339 kcal; 7 g Fett; 2 g gesättigte Fettsäuren; 41 g Kohlenhydrate; 3,4 BE; 4,1 KHE; 0,11 g Natrium

Puten-Gemüse-Pilaw

FÜR 4 PORTIONEN

- ½ TL Öl
- 1 Zwiebel und 1 Knoblauchzehe, beide fein gehackt
- 1 TL frische Thymianblätter
- 2 Lorbeerblätter
- 1 TL gemahlener Koriander
- 1 TL gemahlener Kreuzkümmel
- 1 TL Kurkuma
- ½ TL Chilipulver
- 250 g Putenbrust, in Streifen geschnitten
- 2 Lauchstangen, in Scheiben geschnitten
- 2 große Karotten, in Scheiben geschnitten
- 250 g Butternut-Kürbis, in 3 cm große Stücke geschnitten
- 175 g Basmativollkornreis, abgespült
- 500 ml Hühnerbrühe
- 100 g tiefgekühlte Erbsen
- 3 Tomaten, gewürfelt
- 4 EL gehackter Koriander oder glatte Petersilie
- gemahlener schwarzer Pfeffer

1 Den Backofen auf 180 °C vorheizen. Einen Bräter erhitzen, mit Öl einpinseln, Zwiebeln und Knoblauch darin 5 Minuten sanft dünsten, gegebenenfalls einige Spritzer Wasser hinzufügen.
2 Thymian, Lorbeerblätter und Gewürze unterrühren, das Fleisch dazugeben, gut mit den Gewürzen vermengen und 2 Minuten braten.
3 Lauch, Karotten und Kürbis hinzufügen und 3 Minuten braten, dann Reis, Brühe, Erbsen und Tomaten dazugeben. Aufkochen, abdecken und im Ofen 30–40 Minuten garen, bis der Reis weich ist und ein Großteil der Flüssigkeit aufgenommen wurde.
4 Aus dem Ofen nehmen und den Reis mit einer Gabel auflockern. Wieder abdecken und 3–5 Minuten stehen lassen. Koriander oder Petersilie unterheben und mit Pfeffer würzen.

PRO PORTION: 350 kcal; 5 g Fett; 0,7 g gesättigte Fettsäuren; 54 g Kohlenhydrate; 4,5 BE; 5,4 KHE; 0,4 g Natrium

GEWICHT HALTEN

Würziges Gemüsecurry

Viele Leute denken, dass Currys schwierig zuzubereiten sind, aber das stimmt nicht für alle. Für die meisten werden die gleichen fünf Gewürze verwendet. Hat man sie vorrätig, steht einem schnellen Curry nichts mehr im Wege. Wie die meisten Currys lässt sich auch dieses gut einfrieren.

FÜR 4 PORTIONEN

- 3 TL Rapsöl
- 2 Zwiebeln, jeweils in 8 Spalten geschnitten
- 4 Knoblauchzehen, zerdrückt
- 1 TL gemahlener Kreuzkümmel
- 2 TL gemahlener Koriander
- 1 TL Kurkuma
- ½ TL Chilipulver
- 1 TL Garam Masala
- 1 TL gemahlener schwarzer Pfeffer
- 100 g grüne oder braune Linsen, abgespült
- 1 mittelgroße Süßkartoffel, in 2 cm große Stücke geschnitten
- 1 mittelgroße Aubergine, in 1 cm große Stücke geschnitten
- 100 g kleine Champignons
- 3 Tomaten, in Spalten geschnitten
- 50 g Baby-Spinat
- 150 g griechischer Joghurt mit 0 % Fett
- 1 EL gehackter Koriander
- 200 g Basmativollkornreis, gekocht

1 Das Öl in einem großen Topf erhitzen, Zwiebeln und Knoblauch darin bei mittlerer Hitze 8–10 Minuten weich dünsten.

2 Gewürze dazugeben und braten, bis sie nach etwa 2 Minuten anfangen zu duften. Linsen unterrühren, Süßkartoffeln und Aubergine hinzufügen und 5 Minuten braten. 600 ml Wasser angießen, zum Köcheln bringen und abgedeckt 15 Minuten garen.

3 Die Pilze dazugeben und 8 Minuten weiterkochen, dann Tomaten und Spinat unterrühren. Wieder 5 Minuten kochen, dabei gegebenenfalls Wasser hinzufügen, sodass eine dicke Saucenkonsistenz entsteht.

4 Joghurt und Koriander unterheben und mit frisch gekochtem Reis servieren.

PRO PORTION: 410 kcal; 6 g Fett; 1 g gesättigte Fettsäuren; 76 g Kohlenhydrate; 6,3 BE; 7,6 KHE; 0,18 g Natrium

Asiatische Kalbsleber mit Gewürzen

Asiatische Aromen passen gut zu Leber. Dieses Rezept schmeckt mit Kalbsleber besonders gut, Lamm- oder Hühnerleber kann jedoch ebenfalls verwendet werden.

FÜR 4 PORTIONEN

- 400 g Kalbsleber, in 2 cm dicke Streifen geschnitten
- 4 Frühlingszwiebeln, sehr fein gehackt
- 1 Knoblauchzehe, zerdrückt
- ¼ TL rote Chiliflocken
- 1 TL Sesamöl
- 2 EL salzreduzierte Sojasauce
- 2 TL flüssiger Honig
- 1 EL Speisestärke
- 1 EL Rapsöl
- 2 Karotten, in dünnen Scheiben
- 250 g kleine Champignons, geviertelt
- 200 g Zuckererbsen
- 3 cm frischer Ingwer, geschält und fein gerieben
- 100 g Basmativollkornreis, gekocht
- Korianderblätter zum Garnieren

1 Die Leber in eine große Schüssel geben. Ein Viertel der Frühlingszwiebeln, den Knoblauch, Chiliflocken, Sesamöl, Sojasauce, Honig und Speisestärke dazugeben und gut vermischen. Abdecken und zwischen mindestens 1 Stunde, wenn möglich 24 Stunden im Kühlschrank marinieren lassen.

2 Einen beschichteten Wok erhitzen, die Hälfte des Öls hineingeben und die Karotten darin unter Rühren anbraten. Pilze und Zuckererbsen dazugeben und wieder 1 Minute bei großer Hitze braten, dann 4 EL Wasser hinzufügen, einen Deckel aufsetzen und 1 Minute köcheln lassen. In eine Schüssel geben und beiseitestellen.

3 Den Wok mit Küchenpapier auswischen, das restliche Öl hineingeben und erhitzen. Ingwer und restliche Frühlingszwiebeln darin etwa 30 Sekunden unter Rühren anbraten, dann die Leber mit der Marinade dazugeben und unter ständigem Rühren 1 Minute braten.

4 Einige Spritzer Wasser hinzufügen, damit die Leber nicht zu trocken wird, dann das Gemüse zurück in den Wok geben und in 1–2 Minuten sehr heiß werden lassen.

5 Sofort in angewärmten Schalen mit Reis anrichten und mit Korianderblättern garniert servieren.

PRO PORTION: 308 kcal; 11 g Fett; 2 g gesättigte Fettsäuren; 31 g Kohlenhydrate; 2,6 BE; 3,1 KHE; 0,45 g Natrium

GEWICHT HALTEN

Asiatische Fleischbällchen in roher Tomatensauce ▸

Diese Alternative zum klassisch italienischen Hackbällchenrezept ist asiatisch, frisch und leicht. Die Fleischbällchen lassen sich gut einfrieren.

FÜR 4 PORTIONEN

FÜR DIE FLEISCHBÄLLCHEN

- 500 g mageres Schweinehackfleisch
- 1 Knoblauchzehe, fein gehackt
- 3 cm frischer Ingwer, geschält und gerieben
- fein abgeriebene Schale von 1 unbehandelten Limette
- 2 EL gehackter Koriander
- 1 EL Fischsauce
- 1 kleiner Apfel, entkernt, gerieben und überschüssiger Saft herausgepresst
- 1 EL süße Chilisauce
- 1 EL gehackte Cashewnüsse
- 250 g Reis- oder Buchweizennudeln oder Quinoa-Spaghetti (im Bild)
- fein geschnittene Frühlingszwiebel zum Garnieren

FÜR DIE ROHE TOMATENSAUCE

- 3 Eiertomaten, gewürfelt
- 1 rote Chilischote, entkernt und fein gewürfelt
- 1 kleine rote Zwiebel, fein gewürfelt
- Saft von 1 Limette
- 3 EL gehackter Koriander
- 1 EL Rapsöl

1 Den Backofen auf 200 °C vorheizen. Für die Fleischbällchen alle Zutaten außer Reis und Frühlingszwiebel in einer Schüssel mischen. Mit nassen Händen zu kleinen Bällchen formen. Diese in ein tiefes Backblech geben und im Ofen in etwa 15 Minuten garen, dabei gelegentlich wenden.
2 In der Zwischenzeit die Nudeln nach Packungsanleitung kochen. Alle Zutaten für die Tomatensauce vermischen. Beides miteinander verrühren, sodass die Nudeln die Sauce anwärmen.
3 Nudeln auf vier angewärmte Schalen verteilen, die Fleischbällchen daraufgeben und mit Frühlingszwiebel garnieren.

PRO PORTION: 449 kcal; 11 g Fett; 3 g gesättigte Fettsäuren; 57 g Kohlenhydrate; 4,8 BE; 5,7 KHE; 0,48 g Natrium

Desserts

Auf den Nachtisch verzichten? Auf gar keinen Fall! Viele dieser köstlichen Desserts, die allesamt nur um die 100 Kalorien pro Portion haben, sind mit Obst zubereitet: So kommen Sie Ihrem Ziel, fünf Portionen Obst und Gemüse am Tag zu verzehren, schon wieder einen Schritt näher.
Im Sommer sind die erfrischenden Beerendesserts ein absoluter Genuss, später im Jahr schmecken die Kürbiskuchen-Soufflés und mit den Schoko-Espresso-Töpfchen können Sie so richtig beeindrucken.

Kürbiskuchen-Soufflés

Dieses Rezept ist von der großartigen amerikanischen Tradition der Kürbis-Pies inspiriert. Es schmeckt nicht nur lecker, es ist auch ein guter Weg, mehr Gemüse zu essen.

FÜR 6 SOUFFLÉS

- 400 g gekochter Kürbis
- abgeriebene Schale und Saft von 1 unbehandelten Orange
- 1 TL gemahlener Zimt
- ½ TL gemahlener Ingwer
- 1 Prise gemahlene Nelken
- 2 EL Ahornsirup
- 150 ml fettarme Milch
- 1 Ei, getrennt
- 1 TL Puderzucker zum Bestäuben

1 Den Backofen auf 180 °C vorheizen. Alle Zutaten, bis auf das Eiweiß, glatt rühren. Eiweiß zu Schnee schlagen und vorsichtig unter die Masse heben. Auf sechs Auflaufförmchen mit 175 ml Inhalt verteilen.
2 Die Förmchen in ein tiefes Backblech setzen und kochendes Wasser bis mindestens zur Hälfte der Förmchenhöhe angießen.
3 Im vorgeheizten Ofen 20–25 Minuten backen, bis sie heiß und leicht gestockt sind. Warm, mit Puderzucker bestreut servieren.

PRO PORTION: 77 kcal; 2 g Fett; 0,6 g gesättigte Fettsäuren; 12 g Kohlenhydrate; 1,0 BE; 1,2 KHE; 0,08 g Natrium

Sommerbeerengelee ▸

Geben Sie einen Klecks Naturjoghurt darauf und dekorieren Sie die Desserts mit einer Rispe Johannisbeeren oder einem winzigen Zweig Minze, Zitronenmelisse oder Süßdolde.

FÜR 4 PORTIONEN

- 4–5 Blätter Gelatine
- 400 ml Cranberry-Saft
- 100 ml amerikanisches Ginger Ale light
- 300 g gemischte Beeren (Erdbeeren, Himbeeren, Brombeeren oder Heidelbeeren)
- 4 EL Naturjoghurt (nach Geschmack)
- 4 Zweige Minze, Zitronenmelisse oder Süßdolde (nach Geschmack)

1 Die Gelatine in kaltem Wasser einweichen. Die Hälfte des Cranberry-Safts in einem kleinen Topf erwärmen. Die Gelatine ausdrücken und im warmen Saft auflösen. Restlichen Saft und Ginger Ale unterrühren.
2 Erdbeeren nach Bedarf halbieren oder vierteln und die Hälfte aller Beeren auf vier kleine Gläser verteilen. Die Hälfte der Saftmischung darübergießen. Kühlen, bis das Gelee fest ist, dann die restlichen Beeren und die Geleemischung darauf verteilen. Gibt man alle Früchte und den gesamten Saft auf einmal in die Gläser, schwimmen die Beeren oben und verteilen sich nicht im Gelee.
3 Kühlen, bis das Gelee fest ist. Zum Servieren nach Wunsch mit Joghurt und Kräutern garnieren.

PRO PORTION: 78 kcal; 1 g Fett; 0,7 g gesättigte Fettsäuren; 11 g Kohlenhydrate; 0,9 BE; 1,1 KHE; 0,04 g Natrium

◂ Papaya-Limetten-Sorbet

In einer Eismaschine wird die Konsistenz am besten. Ansonsten die Mischung in einem Plastikbehälter tiefkühlen und alle 30 Minuten mit dem Handrührgerät gut durchrühren. Vor dem Servieren leicht antauen lassen und in der Küchenmaschine glatt pürieren.

FÜR 4 PORTIONEN

- 2 Papayas
- Saft von 1 Limette
- 100 ml Tonic Water light
- ½ TL Angostura Bitter (nach Geschmack)

1 Papayas halbieren, entkernen, schälen, das Fruchtfleisch in der Küchenmaschine mit dem Limettensaft glatt pürieren.
2 Tonic Water und nach Wunsch Angostura unterrühren und in der Eismaschine zum Sorbet verarbeiten. Sofort servieren oder bis zum Bedarf tiefkühlen.

PRO PORTION: 49 kcal; 0,2 g Fett;
0 g gesättigte Fettsäuren; 12 g Kohlenhydrate;
1,0 BE; 1,2 KHE; 0,01 g Natrium

Geeister Beerenquark

Dieser Früchtequark ist fast so lecker wie Eis und mit einer tiefgekühlten Beerenmischung in 5 Minuten zubereitet!

FÜR 4 PORTIONEN

- 190 g tiefgekühlte Beerenmischung
- 250 g Magerquark
- 2 EL Ahornsirup

1 Die tiefgekühlten Beeren in der Küchenmaschine oder einer Schüssel grob zerdrücken.
2 Quark und Ahornsirup verrühren und die Beeren unterheben, sodass ein Marmoreffekt entsteht. Sofort servieren.

PRO PORTION: 80 kcal; 0,1 g Fett;
0 g gesättigte Fettsäuren; 11 g Kohlenhydrate;
0,9 BE; 1,1 KHE; 0,03 g Natrium

GEWICHT HALTEN

Afghanisches Milchgelee

Ein erfrischendes Dessert an heißen Tagen. Agar-Agar ist ein Verdickungsmittel, das keine Kälte braucht, um zu gelieren – das Dessert sollte trotzdem abgedeckt im Kühlschrank aufbewahrt werden, bis man es benötigt.

FÜR 4 PORTIONEN

- 500 ml fettarme Milch
- 8 grüne Kardamomkapseln, gequetscht
- 1 EL feiner Rohzucker
- 1 EL Agar-Agar
- 100 g kleine grüne Trauben

1 Milch mit Kardamomkapseln in einen kleinen Topf geben. Erhitzen, bis am Rand die ersten Bläschen aufsteigen. Vom Herd nehmen, abdecken und 1 Stunde abkühlen lassen.
2 Den Zucker unterrühren, dann die Oberfläche mit Agar-Agar bestreuen. Ohne Rühren sanft erwärmen, dann umrühren und sehr sanft 3–5 Minuten köcheln lassen, bis das Agar-Agar sich aufgelöst hat.
3 Durch ein Sieb gießen, um die Kardamomkapseln zu entfernen, und auf vier kleine Gläser verteilen. Gelieren lassen, dann im Kühlschrank aufbewahren, bis sie benötigt werden.
4 Die Trauben halbieren oder vierteln und auf die Gelees geben.

PRO PORTION: 83 kcal; 2 g Fett;
1 g gesättigte Fettsäuren; 12 g Kohlenhydrate;
1,0 BE; 1,2 KHE; 0,06 g Natrium

GEWICHT HALTEN

▲ Birnen im Schlafrock

Ja, man kann auch Gebäck essen, wenn man Diät hält! Die Birnen werden im Ofen weicher und süßer und bilden einen guten Kontrast zum blättrigen Teig.

FÜR 4 PORTIONEN

- 4 mittelreife Birnen mit Stielen
- 25 g kandierter Ingwer (2 kleine Stücke), gehackt
- 2 EL Magerquark
- 4 Blätter Filoteig
- ½ TL Puderzucker

1 Den Backofen auf 200 °C vorheizen. Die Birnen schälen und von unten entkernen, dabei den Stiel intakt lassen.
2 Ingwer und Quark mischen, die Birnen damit füllen. Filoteig mit etwas Wasser bestreichen und je eine Birne in ein Blatt wickeln. Auf ein beschichtetes Backblech setzen. Puderzucker durch ein Sieb über die Birnen streuen.
3 Im vorgeheizten Ofen 35–40 Minuten knusprig und golden backen. Eventuell die Birnen während des Backens einmal umdrehen, damit sie gleichmäßig bräunen.

PRO PORTION: 111 kcal; 1 g Fett; 0,1 g gesättigte Fettsäuren; 25 g Kohlenhydrate; 2,1 BE; 2,5 KHE; 0,14 g Natrium

Gegrillte Ananas mit Granatapfelsalsa ▸

Wenn man Ananas in einer Grillpfanne anbrät, karamellisieren die natürlichen Fruchtzucker an der Oberfläche – köstlich.

FÜR 4 PORTIONEN

- 1 mittelgroße Ananas
- 25 g Granatapfelkerne (alternativ rote Johannisbeeren oder gehackte Erdbeeren)
- 1 EL flüssiger Honig
- 2 TL gehackte Minze
- ½ lange rote Chilischote, entkernt (nach Geschmack)

1 Mit einem scharfen, gezahnten Messer oben und unten an der Ananas Schale und Blätter abschneiden. Dann die Schale an den Seiten und die schwarzen Augen entfernen.
2 Ananas in zehn gleichmäßige Scheiben schneiden. Die schönsten acht Scheiben zum Grillen aussuchen. Bei den restlichen zwei Scheiben die holzige Mitte herausschneiden und das Fruchtfleisch fein hacken. Mit Granatapfelkernen, Honig und Minze mischen und beiseitestellen.
3 Eine beschichtete Grill- oder Bratpfanne sehr hoch erhitzen. Die Chilihälfte darin kurz anbraten, sodass sie etwas weich wird, dann herausnehmen und hacken. Einen Teelöffel oder nach Geschmack mehr davon zur Salsa geben.
4 Ananasscheiben portionsweise etwa 1 Minute auf jeder Seite grillen, bis sie leicht Farbe annehmen. Sofort mit der Salsa servieren.

PRO PORTION: 76 kcal; 0,3 g Fett; 0 g gesättigte Fettsäuren; 19 g Kohlenhydrate; 1,6 BE; 1,9 KHE; 0 g Natrium

GEWICHT HALTEN

◂ Erdbeeren auf Filoteig

Der Boden kann bis zu 4 Stunden im Voraus gebacken werden, den Belag sollte man jedoch erst direkt vor dem Servieren daraufgeben.

FÜR 6 PORTIONEN

- 4 Blätter Filoteig
- 2 TL Butter, geschmolzen
- 1 EL Puderzucker
- 6 EL Fromage frais oder Quark mit 0 % Fett
- 1 EL Lemon Curd
- 350 g kleine reife Erdbeeren, geputzt und halbiert

1 Den Backofen auf 200 °C vorheizen. Ein Blatt Filoteig auf ein beschichtetes Backblech legen. Dünn mit geschmolzener Butter bestreichen und mit Puderzucker bestreuen, das nächste Blatt darüberlegen und ebenso verfahren. Genauso die restlichen Blätter verarbeiten, aber 1 TL Puderzucker für später aufbewahren.
2 Den Teig in 10 Minuten golden backen, dann abkühlen lassen.
3 Fromage frais mit Lemon Curd mischen und auf den Boden streichen. Die Erdbeeren darüber verteilen und mit dem restlichen Puderzucker bestreuen. Sofort servieren.

PRO PORTION: 89 kcal; 2 g Fett; 1 g gesättigte Fettsäuren; 16 g Kohlenhydrate; 1,3 BE; 1,6 KHE; 0,13 g Natrium

GEWICHT HALTEN

Frische Feigen mit gratiniertem Rosenwasserschaum

Schaum ist in der Spitzengastronomie momentan sehr beliebt. Dies ist meine Version für zu Hause. Rosenwasser ist in der Abteilung für Backzutaten in manchen Supermärkten oder in der Apotheke erhältlich. Alternativ zu Feigen und Himbeeren können auch 250 g Erdbeeren und 150 g Heidelbeeren verwendet werden.

FÜR 4 PORTIONEN

- 2 mittelgroße Eier
- 2 EL feiner Rohzucker
- 2 EL Rosenwasser
- 4 Feigen
- 100 g frische Himbeeren

1 Eier und Zucker in einer Schüssel im heißen Wasserbad mit dem elektrischen Handrührgerät zu einem dicken Schaum schlagen, in dem die Spuren des Handrührgeräts sichtbar bleiben. Nach und nach das Rosenwasser unterschlagen, dann den Herd ausschalten.
2 Den Ofengrill vorheizen. Feigen jeweils in sechs Spalten schneiden und in vier kleinen Auflaufförmchen oder auf hitzefesten Tellern arrangieren. Die Himbeeren darauf verteilen und den Rosenwasserschaum darüberlöffeln.
3 Etwa 1 Minute unter dem Grill gratinieren, sodass der Schaum leicht Farbe annimmt. Sofort servieren.

PRO PORTION (mit Himbeeren): 98 kcal; 3 g Fett; 0,8 g gesättigte Fettsäuren; 14 g Kohlenhydrate; 1,2 BE; 1,4 KHE; 0,04 g Natrium

PRO PORTION (mit Erdbeeren und Heidelbeeren): 95 kcal; 3 g Fett; 0,8 g gesättigte Fettsäuren; 14 g Kohlenhydrate; 1,2 BE; 1,4 KHE; 0,04 g Natrium

GEWICHT HALTEN

Apfel-Galette

Eine Galette ist ein französischer Boden aus Blätterteig, Pfannkuchenteig oder einem brotähnlichen Teig. Ich verwende Filoteig und den klassischen französischen Belag.

FÜR 2 PORTIONEN

- 2 TL Rosinen
- 2 Blätter Filoteig
- 1 TL Butter, geschmolzen
- 1 Apfel
- 1 TL Zitronensaft
- 1 TL Pinienkerne, geröstet
- ½ TL fein gehackter frischer Rosmarin
- ½ TL Puderzucker

1 Den Backofen auf 220 °C vorheizen. Die Rosinen mit etwas kochendem Wasser bedecken und beiseitestellen.

2 Je ein Blatt Filoteig mit etwas Wasser bestreichen und einmal falten. Auf ein beschichtetes Blech legen, mit etwas Wasser bestreichen und ein zweites gefaltetes Teigblatt darauflegen. Etwa 10 Minuten backen, bis der Teig gerade Farbe annimmt.

3 Die Oberfläche mit geschmolzener Butter bestreichen. Den Apfel entkernen, vierteln und in sehr dünne Spalten schneiden. Auf den Filoblättern verteilen und mit Pinienkernen und Rosmarin bestreuen.

4 Puderzucker durch ein Sieb darüberstäuben. Galette weitere 10 Minuten backen, bis die Äpfel weich und die Ränder des Filoteigs knusprig und goldbraun sind. Die Rosinen aus dem Wasser nehmen, abtropfen, darüberstreuen und sofort servieren.

PRO PORTION: 118 kcal; 4 g Fett; 2 g gesättigte Fettsäuren; 20 g Kohlenhydrate; 1,7 BE; 2,0 KHE; 0,14 g Natrium

GEWICHT HALTEN

Ofenpfirsiche mit Heidelbeeren ▸

FÜR 4 PORTIONEN

- 3–4 reife Pfirsiche, geviertelt und entsteint
- 1 Vanilleschote, längs gespalten
- 1 große Prise Safranfäden
- 150 ml weißer Traubensaft
- 100 g Heidelbeeren
- 25 g Gerstenflocken
- 1 EL Rohrohrzucker

1 Den Backofen auf 190 °C vorheizen. Pfirsiche nebeneinander in eine Auflaufform geben. Vanilleschote, Safran und Traubensaft dazugeben und ohne Deckel in 20–30 Minuten weich backen. Den Ofen ausschalten. Die Heidelbeeren zu den Pfirsichen geben und im Ofen warm halten.

3 Die Gerstenflocken in einer beschichteten Pfanne trocken anrösten. Zucker darüberstreuen, schmelzen lassen, verrühren und abkühlen lassen. Über die Pfirsiche streuen und sofort servieren.

PRO PORTION: 99 kcal; 0,3 g Fett; 0 g gesättigte Fettsäuren; 24 g Kohlenhydrate; 2,0 BE; 2,4 KHE; 0,01 g Natrium

GEWICHT HALTEN

Pflaumenkompott

FÜR 4 PORTIONEN

- 1 EL Butter
- 1 EL Rohrohrzucker
- 8 große rote Pflaumen

1 Butter und Zucker in einer beschichteten Pfanne bei mittlerer Hitze schmelzen.

2 Pflaumen halbieren, entsteinen, in die Pfanne geben und abgedeckt in 10–15 Minuten weich garen.

PRO PORTION: 100 kcal; 3 g Fett; 2 g gesättigte Fettsäuren; 18 g Kohlenhydrate; 1,5 BE; 1,8 KHE; 0 g Natrium

GEWICHT HALTEN

▲ Basmati-Milchreis mit Aprikosen

Ein leichter Milchreis – Basmatireis hat einen niedrigeren glykämischen Index als rundkörniger Reis.

FÜR 4 PORTIONEN
- 50 g Basmativollkornreis
- 300 ml fettarme Milch
- 1 EL feiner Rohzucker
- 4 Aprikosen, halbiert und entsteint
- 1 Teebeutel mit Fruchtgeschmack nach Wahl

1 Den Reis in einem Sieb unter kaltem fließenden Wasser waschen, in einem Topf mit 300 ml kaltem Wasser 30 Minuten einweichen. Zum Köcheln bringen, abdecken und 10–15 Minuten köcheln lassen, bis der Reis fast weich ist.
2 Milch und Zucker dazugeben, erneut zum Köcheln bringen. Abgedeckt 20–30 Minuten köcheln lassen, dabei gelegentlich rühren, bis der Milchreis die gewünschte Konsistenz hat.
3 Die halben Aprikosen mit dem Teebeutel und 150 ml Wasser in einen Topf geben. Aufkochen und abgedeckt 5–10 Minuten köcheln lassen, bis die Aprikosen weich sind. Vom Herd nehmen und den Teebeutel herausnehmen. Milchreis mit Aprikosen servieren.

PRO PORTION: 103 kcal; 2 g Fett;
0,8 g gesättigte Fettsäuren; 20 g Kohlenhydrate;
1,7 BE; 2,0 KHE; 0,06 g Natrium

GEWICHT HALTEN

Mango-Dessert

FÜR 4 PORTIONEN
- 1 große Mango
- 200 g Fromage frais oder Quark mit 8 % Fett

1 Die Mango entkernen, schälen und das Fruchtfleisch würfeln. Ein Drittel der Mango pürieren und mit dem Fromage frais mischen.
2 Die restlichen Mangowürfel abwechselnd mit der pürierten Mischung in vier kleine Gläser schichten. Sofort servieren oder abdecken und im Kühlschrank aufbewahren.

PRO PORTION: 100 kcal; 4 g Fett;
2 g gesättigte Fettsäuren; 13 g Kohlenhydrate;
1,1 BE; 1,3 KHE; 0,02 g Natrium

GEWICHT HALTEN

Schoko-Espresso-Töpfchen ▶

FÜR 4 PORTIONEN
- 2 TL Instant-Espressopulver
- 1 EL Rohrohrzucker
- 1 große Banane, zerdrückt
- 250 g Fromage frais mit 0 % Fett
- 10 g dunkle Schokolade (72 % Kakaoanteil), gerieben
- 2 TL Mandelblättchen, geröstet

1 Espressopulver und Zucker mit 1 EL kochendem Wasser auflösen. Abkühlen lassen, mit der Banane und dem Fromage frais vermengen, dabei einen leichten Marmoreffekt sichtbar lassen.
2 In vier kleine Gläser verteilen und kühlen. Vor dem Servieren mit geriebener Schokolade und Mandelblättchen bestreuen.

PRO PORTION: 100 kcal; 2 g Fett;
0,7 g gesättigte Fettsäuren; 16 g Kohlenhydrate;
1,3 BE; 1,6 KHE; 0,02 g Natrium

REGISTER

REGISTER

MAREN KRÜGER

Maren Krüger ist Ernährungswissenschaftlerin und seit mehr als zwanzig Jahren in der Beratung tätig. Ein wesentlicher Themenschwerpunkt ihrer Tätigkeit ist das Thema Diabetes mellitus. Dazu hält sie Vorträge für Diabetiker und schult Apotheker, Pharmazeutisch-technische Assistenten und Arzthelferinnen. Ihre praktische Erfahrung hat sie unter anderem in dem Buch „Diabetes wird leichter" festgehalten. Weiterhin ist sie als Fachjournalistin für verschiedene Verlage und Internetredaktionen tätig. Unter anderem ist sie für die fachlichen Inhalte des Internetportals www.diabetes-informationszentrum.de verantwortlich.
Diabetikern zu zeigen, wie leicht sich mit dem richtigen Lebensstil Wohlbefinden und Lebensqualität verbessern lassen, liegt ihr besonders am Herzen.